ཇོ་མོ་གླང་མ།
珠穆朗瑪峰

ཕོ་བྲང་པོ་ཏ་ལ།
拉薩布達拉宮

ལྷ་ས་འི་ཇོ་ཁང་གི་གསེར་གྱི་རྒྱ་ཕིབས།
拉薩大昭寺金頂

西北民族大學西北民族文獻研究基地資助項目

ནུབ་བྱང་མི་རིགས་སློབ་ཆེན་གྱི་ནུབ་བྱང་མི་རིགས་ཡིག་ཚགས་ཞིབ་འཇུག་སྟེ་གནས་ཀྱི་དངུལ་གཏོང་ལས་གཞི།

西北民族大學"青藏高原區域歷史文化研究創新團隊"階段性成果

ནུབ་བྱང་མི་རིགས་སློབ་ཆེན་གྱི་མཚོ་བོད་མཐོ་སྒང་ལོ་རྒྱུས་རིག་གནས་ཞིབ་འཇུག་གསར་འདོན་ཚགས་པའི་དཔྱད་འབྲས།

英國國家圖書館藏
敦煌西域藏文文獻

㉔
IOL.Tib.J.VOL.112—116

主 編

才 讓　沙 木

編 纂

西 北 民 族 大 學
上 海 古 籍 出 版 社
英 國 國 家 圖 書 館

上海古籍出版社
上海 2025

監 製

馬景泉 高克勤

學術顧問

王 堯 多 識 陳 踐 華 侃（中國）

吳芳思　Burkhard Quessel（英國）

主 編

才 讓（中國）

沙 木（英國）

副主編

扎西當知 嘎藏陀美 束錫紅 府憲展

責任編輯

盛 潔

裝幀設計

李曄芳

དབྱིན་ཇིའི་རྒྱལ་གཉེར་དཔེ་མཛོད་ཁང་དུ་ཉར་བའི་
ཏུན་ཧོང་དང་ནུབ་ལྗོངས་ཀྱི་བོད་ཡིག་ཡིག་ཚགས།

㉔

IOL.Tib.J.VOL.112—116

གཙོ་སྒྲིག་པ།
ཚེ་རིང་། ཟེམ་བན་སི་ཀེ་ལུ།

སྒྲིག་སྦྱོར་སྡེ་ཁག
ནུབ་བྱང་མི་རིགས་སློབ་གྲྭ་ཆེན་མོ།
ཧྲང་ཧེ་དཔེ་རྙིང་དཔེ་སྐྲུན་ཁང་།
དབྱིན་ཇིའི་རྒྱལ་གཉེར་དཔེ་མཛོད་ཁང་།

ཧྲང་ཧེ་དཔེ་རྙིང་དཔེ་སྐྲུན་ཁང་།
2025 ལོར་ཧྲང་ཧེ་ནས།

སྐུ་ཞིབ་པ།

སྣ་ཅིན་ཚོས། ཀོ་ལུ་ཆིན།

བློ་འདྲི་ས།

དབང་རྒྱལ། དོར་ཞི་གདོང་དྲུག་སྙེམས་བློ། བསོད་ནམས་སྐྱིད། ཧྭ་ལིན། (ཀྱུང་གོ)

བའུ་ཞི་ཧྲིང་། ཕུར་ཁུ་དར་རྗི · ཞིའུ་ཟེ་ལོ། (དཔྱིན་དེ)

གཙོ་སྒྲིག་པ།

ཚོ་རིང་། (ཀྱུང་གོ)

ཟེ་མ་བན་སི་ཀོ་ལུ། (དཔྱིན་དེ)

གཙོ་སྒྲིག་པ་གཞན་པ།

མཐའ་བ་བཀྲ་ཤིས་དོན་འགྲུབ། ཆ་རིས་སྐལ་བཟང་ཕོགས་མེད། ཧྲུའུ་ཞི་ཧུང་། ཧྲུའུ་ཞན་གྭན།

ཚོམ་སྒྲིག་འགན་འཁུར་བ།

ཕྱིན་ཞེ།

མཛོ་རིས་ཧྲུས་འགོང་པ།

ཡི་དཇེ་ཧྲུང་།

TIBETAN DOCUMENTS FROM DUNHUANG AND OTHER CENTRAL ASIA

IN

THE BRITISH LIBRARY

IOL.Tib.J.VOL.112—116

EDITORS IN CHIEF

Tshering   Sam van Schaik

PARTICIPATING INSTITUTION

The British Library

Northwest University for Nationalities

Shanghai Chinese Classics Publishing House

SHANGHAI CHINESE CLASSICS PUBLISHING HOUSE

Shanghai 2025

第二十四册目録

IOL.Tib.J.VOL.112—116

དཀར་ཆག

IOL.Tib.J.VOL.112—116

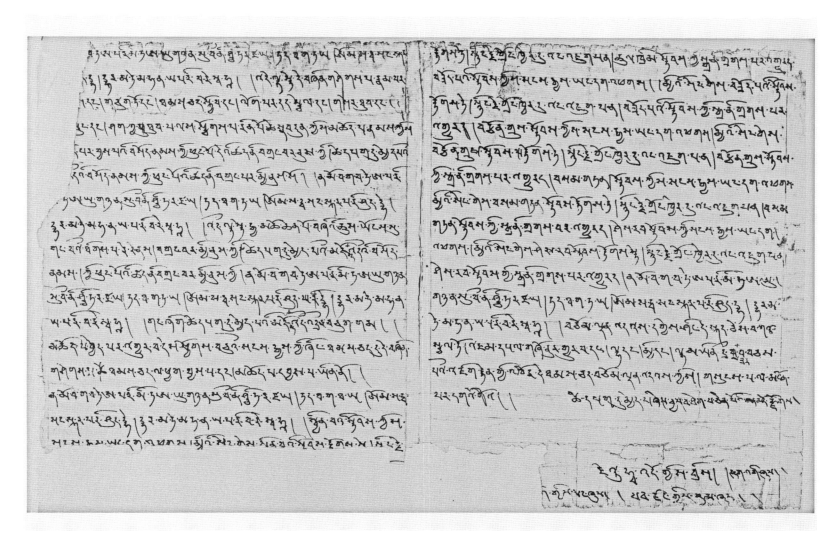

英 IOL.Tib.J.VOL.112　　1.ཚེ་དཔག་དུ་མྱེད་པ་ཞེས་བྱ་བ་ཐེག་པ་ཆེན་པོའི་མདོ།　　2.བྲིས་ཞུས་བྱང་།

1.大乘無量壽宗要經　　2.抄寫校對題記　　(8–1)

英 IOL.Tib.J.VOL.112　3.དཔལ་ཆོས་ཐོར་བུ།

3.佛經殘片　　(8–2)

英 IOL.Tib.J.VOL.112　4.ཆོས་དཔག་ཏུ་མྱེད་པ་ཞེས་བྱ་བ་ཐེག་པ་ཆེན་པོའི་མདོ།

4.大乘無量壽宗要經　　　(8–3)

英 IOL.Tib.J.VOL.112　4.ཆོས་དཔག་ཏུ་མྱེད་པ་ཞེས་བྱ་བ་ཐེག་པ་ཆེན་པོའི་མདོ།

4.大乘無量壽宗要經　　　(8–4)

4.ཚེ་དཔག་དུ་མྱེད་པ་ཞེས་བྱ་བ་ཐེག་པ་ཆེན་པོའི་མདོ།　　5.བྱིས་བྱང་།

4.大乘無量壽宗要經　　　5.抄寫題記　　　(8-5)

6.ཚེ་དཔག་དུ་མྱེད་པ་ཞེས་བྱ་བ་ཐེག་པ་ཆེན་པོའི་མདོ།

6.大乘無量壽宗要經　　　(8-6)

英 IOL.Tib.J.VOL.112　6.ཚེ་དཔག་དུ་མྱེད་པ་ཞེས་བྱ་བ་ཐེག་པ་ཆེན་པོའི་མདོ།
6.大乘無量壽宗要經　　　(8-7)

英 IOL.Tib.J.VOL.112　6.ཚེ་དཔག་དུ་མྱེད་པ་ཞེས་བྱ་བ་ཐེག་པ་ཆེན་པོའི་མདོ།　　7.བྱིས་བྱང་།
6.大乘無量壽宗要經　　7.抄寫題記　　(8-8)

英 IOL.Tib.J.VOL.113　　1.ཚེ་དཔག་དུ་མྱེད་པ་ཞེས་བྱ་བ་ཐེག་པ་ཆེན་པོའི་མདོ།
1.大乘無量壽宗要經　　　（204-1）

英 IOL.Tib.J.VOL.113　　1.ཚེ་དཔག་དུ་མྱེད་པ་ཞེས་བྱ་བ་ཐེག་པ་ཆེན་པོའི་མདོ།
1.大乘無量壽宗要經　　　（204-2）

英 IOL.Tib.J.VOL.113　　1.ཚེ་དཔག་དུ་མྱེད་པ་ཞེས་བྱ་བ་ཐེག་པ་ཆེན་པོའི་མདོ།　　2.ཞུས་བྱང་།

1.大乘無量壽宗要經　　2.校對題記　　(204-3)

英 IOL.Tib.J.VOL.113　　3.ཚེ་དཔག་དུ་མྱེད་པ་ཞེས་བྱ་བ་ཐེག་པ་ཆེན་པོའི་མདོ།

3.大乘無量壽宗要經　　(204-4)

英 IOL.Tib.J.VOL.113　3.ཚེ་དཔག་ཏུ་མྱེད་པ་ཞེས་བྱ་བ་ཐེག་པ་ཆེན་པོའི་མདོ།

3.大乘無量壽宗要經　　　　(204–5)

英 IOL.Tib.J.VOL.113　3.ཚེ་དཔག་ཏུ་མྱེད་པ་ཞེས་བྱ་བ་ཐེག་པ་ཆེན་པོའི་མདོ།　4.བྲིས་ཞུས་བྱང་

3.大乘無量壽宗要經　　4.抄寫校對題記　(204–6)

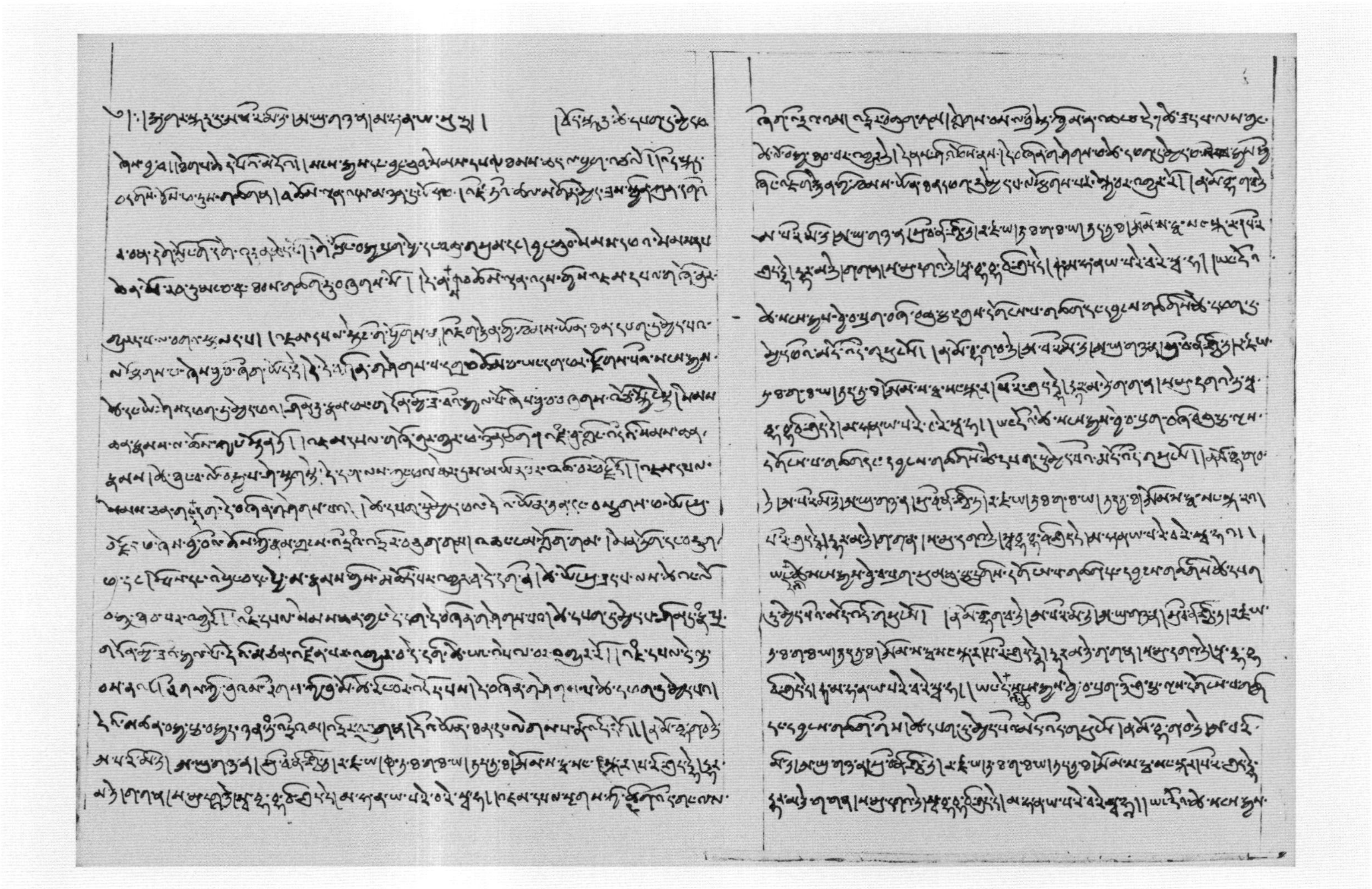

英 IOL.Tib.J.VOL.113　5.ཚེ་དཔག་ཏུ་མེད་པ་ཞེས་བྱ་བ་ཐེག་པ་ཆེན་པོའི་མདོ།
5.大乘無量壽宗要經　(204–7)

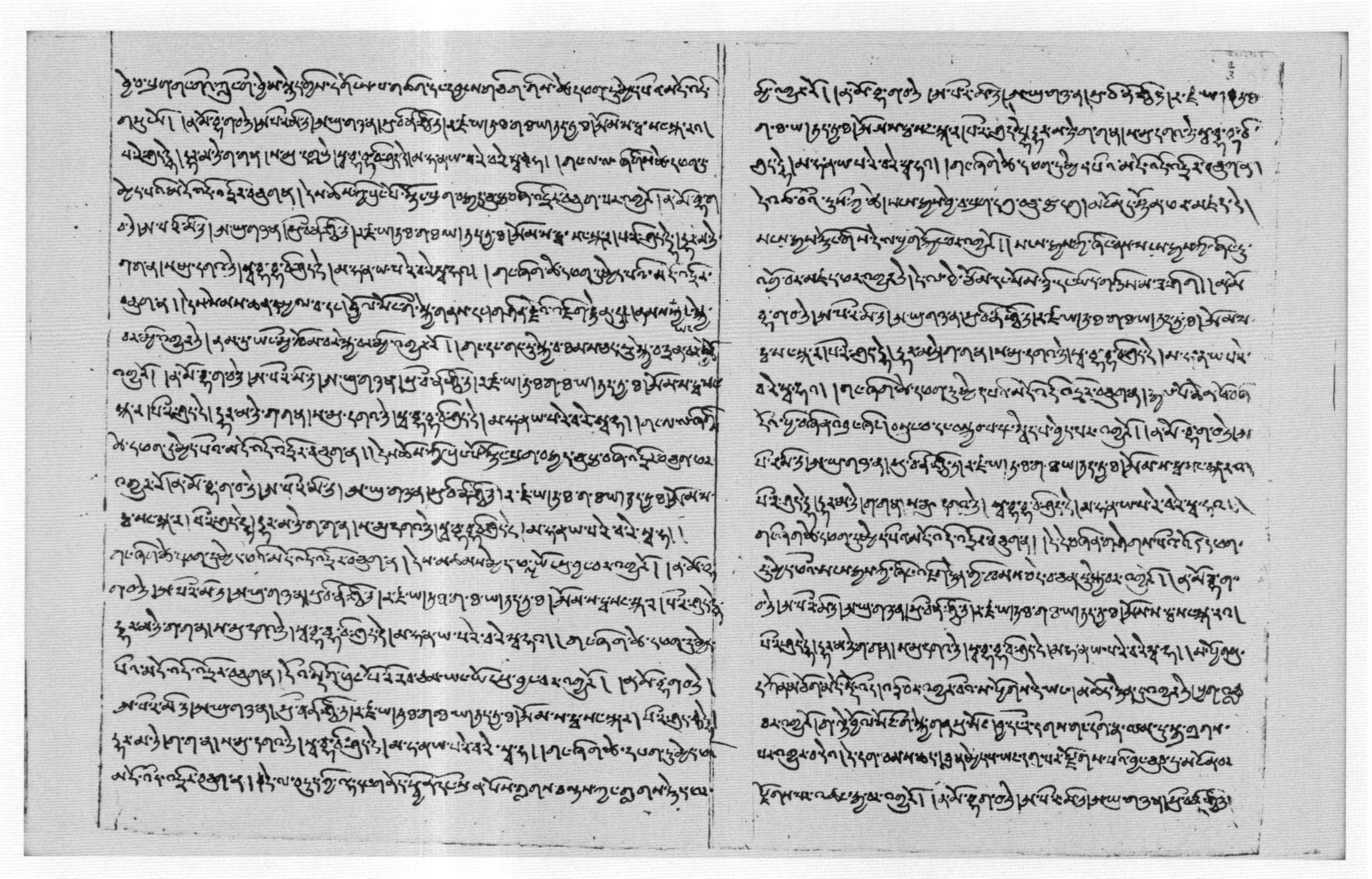

英 IOL.Tib.J.VOL.113　5.ཚེ་དཔག་ཏུ་མེད་པ་ཞེས་བྱ་བ་ཐེག་པ་ཆེན་པོའི་མདོ།
5.大乘無量壽宗要經　(204–8)

英 IOL.Tib.J.VOL.113　　5.ཚེ་དཔག་དུ་མྱེད་བ་ཞེས་བྱ་བ༑གཟིགས་པ་ཆེན་པོའི་མདོག༑　　6.ཞུས་བྱང་༑

5.大乘無量壽宗要經　　　6.校對題記　　　(204–9)

英 IOL.Tib.J.VOL.113　　7.ཚེ་དཔག་དུ་མྱེད་བ་ཞེས་བྱ་བ་ཐེག་པ་ཆེན་པོའི་མདོ༑

7.大乘無量壽宗要經　　　(204–10)

9

英 IOL.Tib.J.VOL.113　7.ཚེ་དཔག་དུ་མྱེད་པ་ཞེས་བྱ་བ་ཐེག་པ་ཆེན་པོའི་མདོ།

7.大乘無量壽宗要經　　　(204–11)

英 IOL.Tib.J.VOL.113　7.ཚེ་དཔག་དུ་མྱེད་པ་ཞེས་བྱ་བ་ཐེག་པ་ཆེན་པོའི་མདོ།　　8.ཞུས་བྱད།

7.大乘無量壽宗要經　　8.題記　　(204–12)

英 IOL.Tib.J.VOL.113　9.ཚེ་དཔག་དུ་མྱེད་པ་ཞེས་བྱ་བ་ཐེག་པ་ཆེན་པོའི་མདོ།

9.大乘無量壽宗要經　　(204-13)

英 IOL.Tib.J.VOL.113　9.ཚེ་དཔག་དུ་མྱེད་པ་ཞེས་བྱ་བ་ཐེག་པ་ཆེན་པོའི་མདོ།

9.大乘無量壽宗要經　　(204-14)

英 IOL.Tib.J.VOL.113　　9.ཚེ་དཔག་དུ་མྱེད་པ་ཞེས་བྱ་བ་ཐེག་པ་ཆེན་པོའི་མདོ།　　10.ཞུས་བྱང་།

9.大乘無量壽宗要經　　10.校對題記　　(204–15)

英 IOL.Tib.J.VOL.113　　11.ཚེ་དཔག་དུ་མྱེད་པ་ཞེས་བྱ་བ་ཐེག་པ་ཆེན་པོའི་མདོ།

11.大乘無量壽宗要經　　(204–16)

英 IOL.Tib.J.VOL.113　　11.ཚེ་དཔག་དུ་མྱེད་པ་ཞེས་བྱ་བ་ཐེག་པ་ཆེན་པོའི་མདོ།

11.大乘無量壽宗要經　　　(204–17)

英 IOL.Tib.J.VOL.113　　11.ཚེ་དཔག་དུ་མྱེད་པ་ཞེས་བྱ་བ་ཐེག་པ་ཆེན་པོའི་མདོ།　　　12.ཞུས་བྱུང་།

11.大乘無量壽宗要經　　　12.校對題記　　(204–18)

英 IOL.Tib.J.VOL.113　13.ཚེ་དཔག་དུ་མྱེད་པ་ཞེས་བྱ་བ་ཐེག་པ་ཆེན་པོའི་མདོ།
13.大乘無量壽宗要經　　(204–19)

英 IOL.Tib.J.VOL.113　13.ཚེ་དཔག་དུ་མྱེད་པ་ཞེས་བྱ་བ་ཐེག་པ་ཆེན་པོའི་མདོ།
13.大乘無量壽宗要經　　(204–20)

英 IOL.Tib.J.VOL.113　　13.ཚེ་དཔག་དུ་མྱེད་པ་ཞེས་བྱ་བ་ཐེག་པ་ཆེན་པོའི་མདོ།　　14.ཞུས་བྱང་།

13.大乘無量壽宗要經　　14.校對題記　　(204–21)

英 IOL.Tib.J.VOL.113　　15.ཚེ་དཔག་དུ་མྱེད་པ་ཞེས་བྱ་བ་།།ཐེག་པ་ཆེན་པོའི་མདོ།

15.大乘無量壽宗要經　　(204–22)

英 IOL.Tib.J.VOL.113　　15.ཚེ་དཔག་དུ་མྱེད་པ་ཞེས་བྱ་བ་ཐེག་པ་ཆེན་པོའི་མདོ།
　　　　　　　　　　　15.大乘無量壽宗要經　　　(204—23)

英 IOL.Tib.J.VOL.113　　15.ཚེ་དཔག་དུ་མྱེད་པ་ཞེས་བྱ་བ་ཐེག་པ་ཆེན་པོའི་མདོ།　　16.ཞུས་བྱང་།
　　　　　　　　　　　15.大乘無量壽宗要經　　16.校對題記　　(204—24)

英 IOL.Tib.J.VOL.113　17.ཚེ་དཔག་ཏུ་མྱེད་པ་ཞེས་བྱ་བ་ཐེག་པ་ཆེན་པོའི་མདོ།

17.大乘無量壽宗要經　　(204—25)

英 IOL.Tib.J.VOL.113　17.ཚེ་དཔག་ཏུ་མྱེད་པ་ཞེས་བྱ་བ་ཐེག་པ་ཆེན་པོའི་མདོ།

17.大乘無量壽宗要經　　(204—26)

英 IOL.Tib.J.VOL.113　　17.ཚེ་དཔག་དུ་མྱེད་པ་ཞེས་བྱ་བ་ཐེག་པ་ཆེན་པོ་འི་མདོ།　　　　18.ཞུས་བྱང་།

17.大乘無量壽宗要經　　　18.校對題記　　　(204–27)

英 IOL.Tib.J.VOL.113　　19.ཚེ་དཔག་དུ་མྱེད་པ་ཞེས་བྱ་བ་ཐེག་པ་ཆེན་པོ་འི་མདོ།

19.大乘無量壽宗要經　　　(204–28)

英 IOL.Tib.J.VOL.113　　19.ཚེ་དཔག་དུ་མྱེད་པ་ཞེས་བྱ་བ་ཐེག་པ་ཆེན་པོའི་མདོ།
　　　　　　　　　　　19.大乘無量壽宗要經　　　　(204-29)

英 IOL.Tib.J.VOL.113　　19.ཚེ་དཔག་དུ་མྱེད་པ་ཞེས་བྱ་བ་ཐེག་པ་ཆེན་པོའི་མདོ།　　　20.ཞུས་བྱང་།
　　　　　　　　　　　19.大乘無量壽宗要經　　　20.校對題記　　(204-30)

19

英 IOL.Tib.J.VOL.113　21.ཚེ་དཔག་དུ་མྱེད་པ་ཞེས་བྱ་བ་ཐེག་པ་ཆེན་པོའི་མདོ།
21.大乘無量壽宗要經　　　(204-31)

英 IOL.Tib.J.VOL.113　21.ཚེ་དཔག་དུ་མྱེད་པ་ཞེས་བྱ་བ་ཐེག་པ་ཆེན་པོའི་མདོ།
21.大乘無量壽宗要經　　　(204-32)

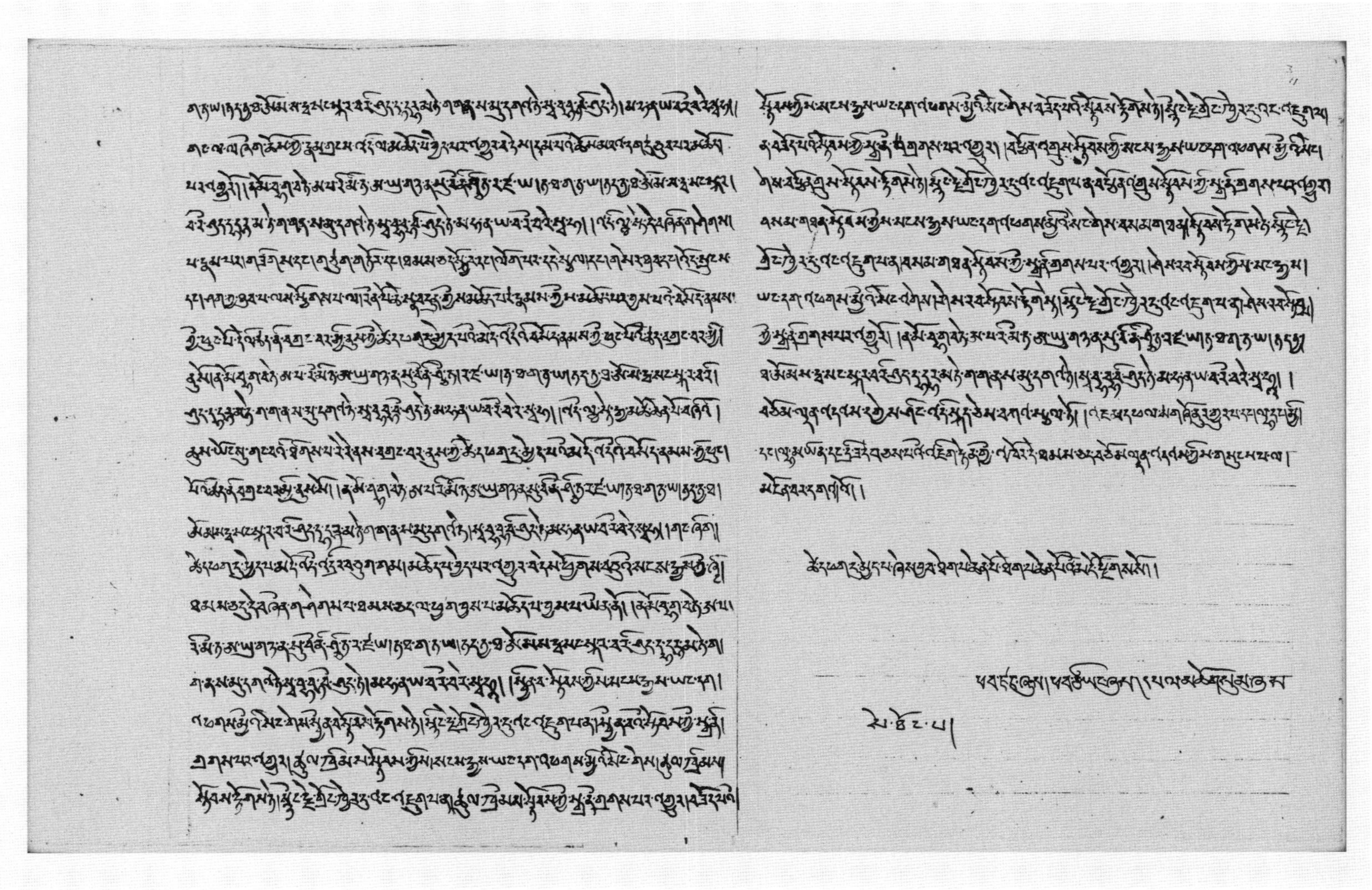

英 IOL.Tib.J.VOL.113　21.ཚེ་དཔག་དུ་མེད་པ་ཞེས་བྱ་བ་ཐེག་པ་ཆེན་པོའི་མདོ།　22.ཞུས་བྱང་།
21.大乘無量壽宗要經　22.校對題記　(204–33)

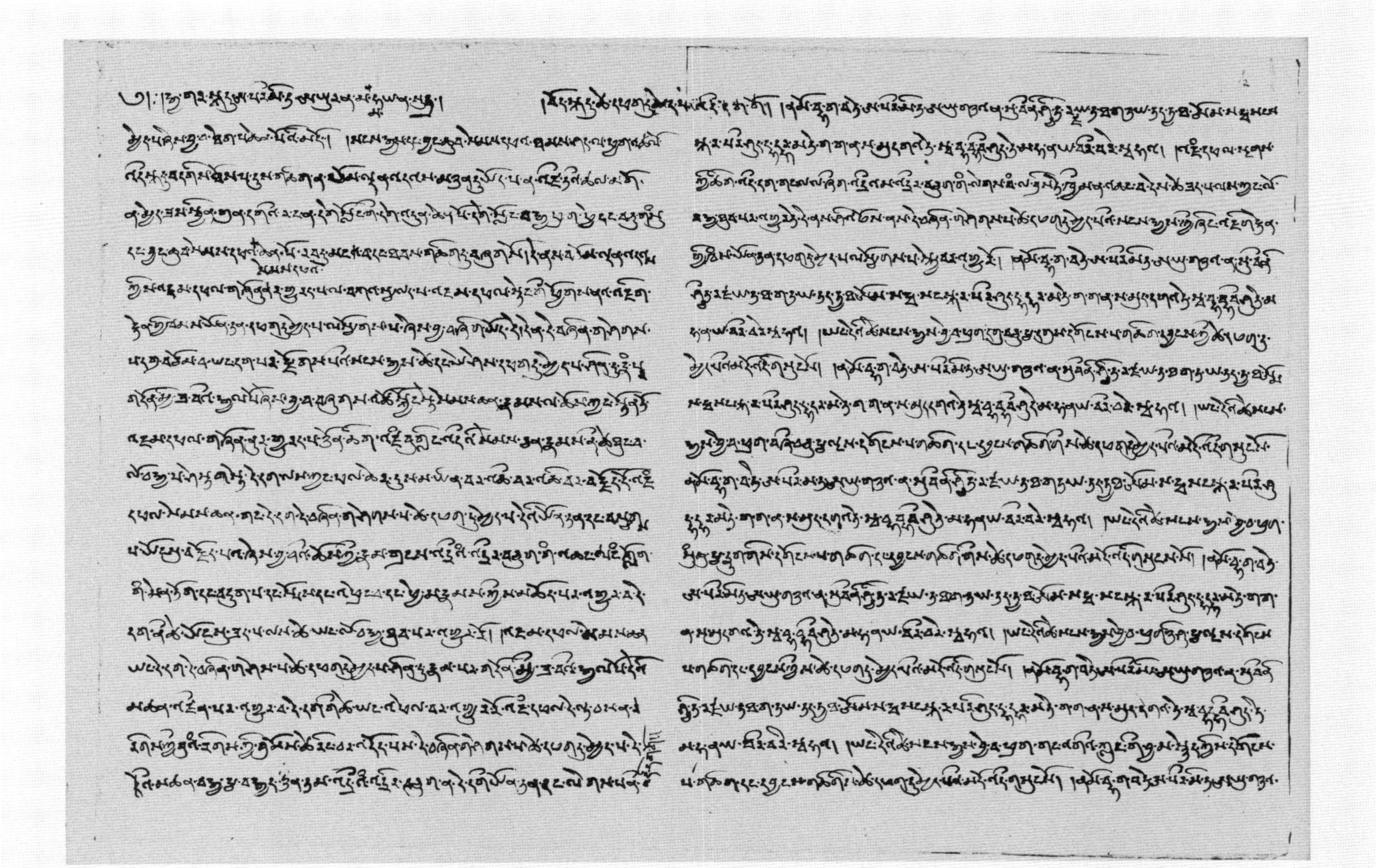

英 IOL.Tib.J.VOL.113　23.ཚེ་དཔག་དུ་མེད་པ་ཞེས་བྱ་བ་ཐེག་པ་ཆེན་པོའི་མདོ།
23.大乘無量壽宗要經　(204–34)

英 IOL.Tib.J.VOL.113　　23.ཆོ་དཔག་ཏུ་མྱེད་པ་ཞེས་བྱ་བ་ཐེག་པ་ཆེན་པོའི་མདོ།

23.大乘無量壽宗要經　　　　(204–35)

英 IOL.Tib.J.VOL.113　　23.ཆོ་དཔག་ཏུ་མྱེད་པ་ཞེས་བྱ་བ་ཐེག་པ་ཆེན་པོའི་མདོ།　　24.ཞུས་བྱང་།

23.大乘無量壽宗要經　　24.校對題記　　(204–36)

22

英 IOL.Tib.J.VOL.113　25.ཚེ་དཔག་དུ་མྱེད་པ་ཞེས་བྱ་བ་ཐེག་པ་ཆེན་པོའི་མདོ།
25.大乘無量壽宗要經　　(204–37)

英 IOL.Tib.J.VOL.113　25.ཚེ་དཔག་དུ་མྱེད་པ་ཞེས་བྱ་བ་ཐེག་པ་ཆེན་པོའི་མདོ།
25.大乘無量壽宗要經　　(204–38)

英 IOL.Tib.J.VOL.113　25.ཚེ་དཔག་དུ་མྱེད་པ་ཞེས་བྱ་བ་ཐེག་པ་ཆེན་པོའི་མདོ།　　26.བྲིས་ལྨས་བྱང་།

25.大乘無量壽宗要經　　　26.抄寫校對題記　　(204-39)

英 IOL.Tib.J.VOL.113　27.ཚེ་དཔག་དུ་མྱེད་པ་ཞེས་བྱ་བ་ཐེག་པ་ཆེན་པོའི་མདོ།

27.大乘無量壽宗要經　　(204-40)

英 IOL.Tib.J.VOL.113　27.ཚེ་དཔག་དུ་མྱེད་པ་ཞེས་བྱ་བ་ཐེག་པ་ཆེན་པོའི་མདོ།
27.大乘無量壽宗要經　　（204–41）

英 IOL.Tib.J.VOL.113　27.ཚེ་དཔག་དུ་མྱེད་པ་ཞེས་བྱ་བ་ཐེག་པ་ཆེན་པོའི་མདོ།　　28.ཞུས་བྱང་།
27.大乘無量壽宗要經　　28.校對題記　　（204–42）

英 IOL.Tib.J.VOL.113　29.ཚེ་དཔག་ཏུ་མྱེད་པ་ཞེས་བྱ་བ་ཐེག་པ་ཆེན་པོའི་མདོ།
29.大乘無量壽宗要經　　　(204-43)

英 IOL.Tib.J.VOL.113　29.ཚེ་དཔག་ཏུ་མྱེད་པ་ཞེས་བྱ་བ་ཐེག་པ་ཆེན་པོའི་མདོ།
29.大乘無量壽宗要經　　　(204-44)

英 IOL.Tib.J.VOL.113　29.ཚེ་དཔག་དུ་མྱེད་པ་ཞེས་བྱ་བ་ཐེག་པ་ཆེན་པོའི་མདོ།　　30.ཞུས་བྱང་ངི
29.大乘無量壽宗要經　　30.校對題記　　(204–45)

英 IOL.Tib.J.VOL.113　31.ཚེ་དཔག་དུ་མྱེད་པ་ཞེས་བྱ་བ་ཐེག་པ་ཆེན་པོའི་མདོ།
31.大乘無量壽宗要經　　(204–46)

英 IOL.Tib.J.VOL.113　　31.ཚེ་དཔག་ཏུ་མྱེད་པ་ཞེས་བྱ་བ་ཐེག་པ་ཆེན་པོའི་མདོ།

31.大乘無量壽宗要經　　　　(204—47)

英 IOL.Tib.J.VOL.113　　31.ཚེ་དཔག་ཏུ་མྱེད་པ་ཞེས་བྱ་བ་ཐེག་པ་ཆེན་པོའི་མདོ།　　32.ཞུས་བྱང་།

31.大乘無量壽宗要經　　32.校對題記　　(204—48)

英 IOL.Tib.J.VOL.113　33.ཚེ་དཔག་དུ་མྱེད་པ་ཞེས་བྱ་བ་ཐེག་པ་ཆེད་པོའི་མདོ།
33.大乘無量壽宗要經　　(204-49)

英 IOL.Tib.J.VOL.113　33.ཚེ་དཔག་དུ་མྱེད་པ་ཞེས་བྱ་བ་ཐེག་པ་ཆེད་པོའི་མདོ།
33.大乘無量壽宗要經　　(204-50)

英 IOL.Tib.J.VOL.113　33.ཚེ་དཔག་དུ་མྱེད་པ་ཞེས་བྱ་བ་ཐེག་པ་ཆེན་པོའི་མདོ།　34.བྲིས་ཞུས་བྱང་།

33.大乘無量壽宗要經　　34.抄寫校對題記　　(204–51)

英 IOL.Tib.J.VOL.113　35.ཚེ་དཔག་དུ་མྱེད་པ་ཞེས་བྱ་བ་ཐེག་པ་ཆེན་པོའི་མདོ།

35.大乘無量壽宗要經　　(204–52)

英 IOL.Tib.J.VOL.113　　35.ཚེ་དཔག་དུ་མྱེད་པ་ཞེས་བྱ་བ་ཐེག་པ་ཆེན་པོའི་མདོ།

35.大乘無量壽宗要經　　　(204–53)

英 IOL.Tib.J.VOL.113　　35.ཚེ་དཔག་དུ་མྱེད་པ་ཞེས་བྱ་བ་ཐེག་པ་ཆེན་པོའི་མདོ།　　36.ཞུས་བྱང་།

35.大乘無量壽宗要經　　36.校對題記　　(204–54)

英 IOL.Tib.J.VOL.113   37.ཚེ་དཔག་དུ་མྱེད་པ་ཞེས་བྱ་བ་ཐེག་པ་ཆེན་པོའི་མདོ།
37.大乘無量壽宗要經   (204-55)

英 IOL.Tib.J.VOL.113   37.ཚེ་དཔག་དུ་མྱེད་པ་ཞེས་བྱ་བ་ཐེག་པ་ཆེན་པོའི་མདོ།
37.大乘無量壽宗要經   (204-56)

英 IOL.Tib.J.VOL.113　　37.ཚེ་དཔག་དུ་མྱེད་པ་ཞེས་བྱ་བ་ཐེག་པ་ཆེན་པོའི་མདོ།　　38.བྲིས་ཞུས་བྱང་།

37.大乘無量壽宗要經　　38.抄寫校對題記　　(204-57)

英 IOL.Tib.J.VOL.113　　39.ཚེ་དཔག་དུ་མྱེད་པ་ཞེས་བྱ་བ་ཐེག་པ་ཆེན་པོའི་མདོ།

39.大乘無量壽宗要經　　(204-58)

英 IOL.Tib.J.VOL.113　　39.ཚེ་དཔག་དུ་མྱེད་པ་ཞེས་བྱ་བ་ཐེག་པ་ཆེན་པོའི་མདོ།
39.大乘無量壽宗要經　　(204-59)

英 IOL.Tib.J.VOL.113　　39.ཚེ་དཔག་དུ་མྱེད་པ་ཞེས་བྱ་བ་ཐེག་པ་ཆེན་པོའི་མདོ།　　40.ཞུས་བྱང་།
39.大乘無量壽宗要經　　40.校對題記　　(204-60)

英 IOL.Tib.J.VOL.113　41.ཚེ་དཔག་ཏུ་མྱེད་པ་ཞེས་བྱ་བ་ཐེག་པ་ཆེན་པོའི་མདོ།

41.大乘無量壽宗要經　　　(204–61)

英 IOL.Tib.J.VOL.113　41.ཚེ་དཔག་ཏུ་མྱེད་པ་ཞེས་བྱ་བ་ཐེག་པ་ཆེན་པོའི་མདོ།

41.大乘無量壽宗要經　　　(204–62)

英 IOL.Tib.J.VOL.113　41.ཚེ་དཔག་དུ་མྱེད་པ་ཞེས་བྱ་བ་ཐེག་པ་ཆེན་པོའི་མདོ།　42.ཞུས་བྱང་།

41.大乘無量壽宗要經　　42.校對題記　　(204–63)

英 IOL.Tib.J.VOL.113　43.ཚེ་དཔག་དུ་མྱེད་པ་ཞེས་བྱ་བའ་ཐེག་པ་ཆེན་པོའི་མདོ།

43.大乘無量壽宗要經　　(204–64)

英 IOL.Tib.J.VOL.113　43.ཚེ་དཔག་དུ་མྱེད་པ་ཞེས་བྱ་བའགཐེག་པ་ཆེན་པོའི་མདོའ།
43.大乘無量壽宗要經　　(204-65)

英 IOL.Tib.J.VOL.113　43.ཚེ་དཔག་དུ་མྱེད་པ་ཞེས་བྱ་བ་བའགཐེག་པ་ཆེན་པོའི་མདོའ།　　44.ཞུས་བྱང་།
43.大乘無量壽宗要經　　44.校對題記　　(204-66)

英 IOL.Tib.J.VOL.113　　45.ཚེ་དཔག་ཏུ་མྱེད་པ་ཞེས་བྱ་བ་ཐེག་པ་ཆེན་པོའི་མདོ།
45.大乘無量壽宗要經　　　(204-67)

英 IOL.Tib.J.VOL.113　　45.ཚེ་དཔག་ཏུ་མྱེད་པ་ཞེས་བྱ་བ་ཐེག་པ་ཆེན་པོའི་མདོ།
45.大乘無量壽宗要經　　　(204-68)

英 IOL.Tib.J.VOL.113　45.ཚེ་དཔག་དུ་མྱེད་པ་ཞེས་བྱ་བ་ཐེག་པ་ཆེན་པོའི་མདོ།　46.ཞུས་བྱང་།

45.大乘無量壽宗要經　　46.校對題記　　(204–69)

英 IOL.Tib.J.VOL.113　47.ཚེ་དཔག་དུ་མྱེད་པ་ཞེས་བྱ་བ་ཐེག་པ་ཆེན་པོའི་མདོ།

47.大乘無量壽宗要經　　(204–70)

47.大乘無量壽宗要經　　　(204-71)

47.大乘無量壽宗要經　　　(204-72)

英 IOL.Tib.J.VOL.113　48.ཚེ་དཔག་དུ་མྱེད་པ་ཞེས་བྱ་བའ་ཐེག་པ་ཆེན་པོའི་མདོ།
48.大乘無量壽宗要經　　（204–73）

英 IOL.Tib.J.VOL.113　48.ཚེ་དཔག་དུ་མྱེད་པ་ཞེས་བྱ་བའ་ཐེག་པ་ཆེན་པོའི་མདོ།
48.大乘無量壽宗要經　　（204–74）

英 IOL.Tib.J.VOL.113　　48.ཚེ་དཔག་དུ་མྱེད་པ་ཞེས་བྱ་བའ་ཐེག་པ་ཆེན་པོའི་མདོ།　　49.ཞུས་བྱང་།

48.大乘無量壽宗要經　　49.校對題記　　(204–75)

英 IOL.Tib.J.VOL.113　　50.ཚེ་དཔག་དུ་མྱེད་པ་ཞེས་བྱ་བ་ཐེག་པ་ཆེན་པོའི་མདོ།

50.大乘無量壽宗要經　　(204–76)

英 IOL.Tib.J.VOL.113　　50.ཚེ་དཔག་ཏུ་མྱེད་པ་ཞེས་བྱ་བ་ཐེག་པ་ཆེན་པོའི་མདོ།

50.大乘無量壽宗要經　　　　(204–77)

英 IOL.Tib.J.VOL.113　　50.ཚེ་དཔག་ཏུ་མྱེད་པ་ཞེས་བྱ་བའ་ཐེག་པ་ཆེན་པོའི་མདོ།　　51.ཞུས་བྱང་།

50.大乘無量壽宗要經　　　51.校對題記　　(204–78)

英 IOL.Tib.J.VOL.113　52.ཚེ་དཔག་དུ་མྱེད་པ་ཞེས་བྱ་བ་ཐེག་པ་ཆེན་པོའི་མདོ།

52.大乘無量壽宗要經　　(204-79)

英 IOL.Tib.J.VOL.113　52.ཚེ་དཔག་དུ་མྱེད་པ་ཞེས་བྱ་བ་ཐེག་པ་ཆེན་པོའི་མདོ།

52.大乘無量壽宗要經　　(204-80)

英 IOL.Tib.J.VOL.113　52.ཚེ་དཔག་དུ་མྱེད་པ་ཞེས་བྱ་བའ་ཐེག་པ་ཆེན་པོའི་མདོ།　　　53.ཞུས་བྱང་།

52.大乘無量壽宗要經　　　53.校對題記　　　(204–81)

英 IOL.Tib.J.VOL.113　54.ཚེ་དཔག་དུ་མྱེད་པ་ཞེས་བྱ་བ་ཐེག་པ་ཆེན་པོའི་མདོ།

54.大乘無量壽宗要經　　　(204–82)

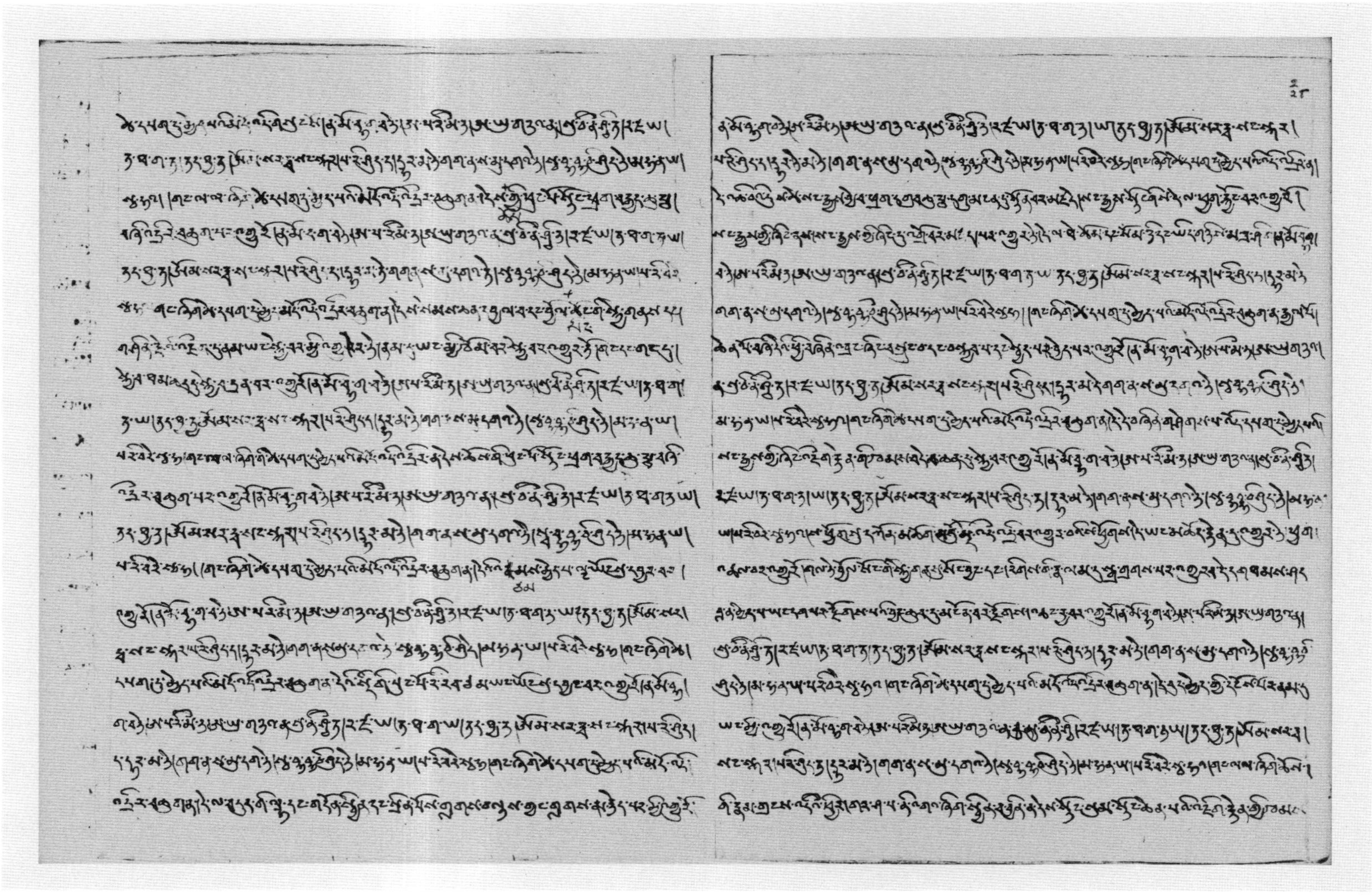

英 IOL.Tib.J.VOL.113 54.ཚེ་དཔག་ཏུ་མེད་པ་ཞེས་བྱ་བ་ཐེག་པ་ཆེན་པོའི་མདོ།
54.大乘無量壽宗要經 (204–83)

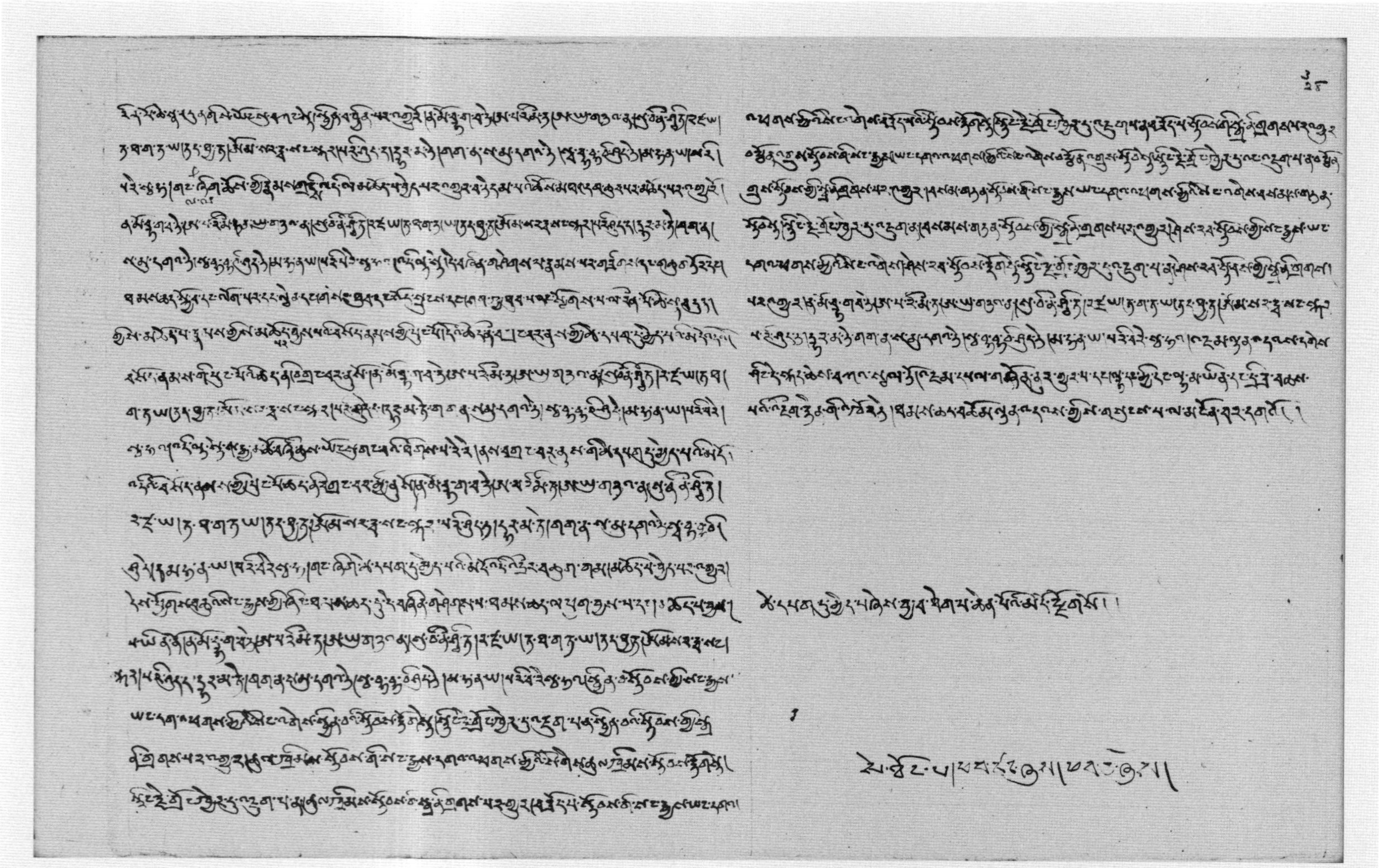

英 IOL.Tib.J.VOL.113 54.ཚེ་དཔག་ཏུ་མེད་པ་ཞེས་བྱ་བའ་ཐེག་པ་ཆེན་པོའི་མདོ། 55.ཞུས་བྱང་།
54.大乘無量壽宗要經 55.校對題記 (204–84)

英 IOL.Tib.J.VOL.113 56.ཚེ་དཔག་དུ་མྱེད་པ་ཞེས་བྱ་བ་ཐེག་པ་ཆེན་པོའི་མདོ།
56.大乘無量壽宗要經 (204-85)

英 IOL.Tib.J.VOL.113 56.ཚེ་དཔག་དུ་མྱེད་པ་ཞེས་བྱ་བ་ཐེག་པ་ཆེན་པོའི་མདོ།
56.大乘無量壽宗要經 (204-86)

英 IOL.Tib.J.VOL.113　56.ཚེ་དཔག་དུ་མྱེད་པ་ཞེས་བྱ་བའ་ཐེག་པ་ཆེན་པོའི་མདོ།　　57.ཞུས་བྱང་།

56.大乘無量壽宗要經　　57.校對題記　　(204-87)

英 IOL.Tib.J.VOL.113　58.ཚེ་དཔག་དུ་མྱེད་པ་ཞེས་བྱེ་བ་ཐེག་པ་ཆེན་པོའི་མདོ།

58.大乘無量壽宗要經　　(204-88)

英 IOL.Tib.J.VOL.113　58.ཚེ་དཔག་དུ་མྱེད་པ་ཞེས་བྱེ་བ་ཐེག་པ་ཆེན་པོའི་མདོ།

58.大乘無量壽宗要經　　　(204–89)

英 IOL.Tib.J.VOL.113　58.ཚེ་དཔག་དུ་མྱེད་པ་ཞེས་བྱ་བའ་ཐེག་པ་ཆེན་པོའི་མདོ།　　59.ཞུས་བྱང་།

58.大乘無量壽宗要經　　　59.校對題記　(204–90)

英 IOL.Tib.J.VOL.113　60.ཚེ་དཔག་དུ་མྱེད་པ་ཞེས་བྱ་བ་ཐེག་པ་ཆེན་པོའི་མདོ།
60.大乘無量壽宗要經　　　(204-91)

英 IOL.Tib.J.VOL.113　60.ཚེ་དཔག་དུ་མྱེད་པ་ཞེས་བྱ་བ་ཐེག་པ་ཆེན་པོའི་མདོ།
60.大乘無量壽宗要經　　　(204-92)

英 IOL.Tib.J.VOL.113　60.ཚེ་དཔག་དུ་མྱེད་པ་ཞེས་བྱ་བ་ཐེག་པ་ཆེན་པོའི་མདོ།　　61.ཞུས་བྱང་།

60.大乘無量壽宗要經　　　61.校對題記　　　(204-93)

英 IOL.Tib.J.VOL.113　62.ཚེ་དཔག་དུ་མྱེད་པ་ཞེས་བྱ་བ་ཐེག་པ་ཆེན་པོའི་མདོ།

62.大乘無量壽宗要經　　　(204-94)

英 IOL.Tib.J.VOL.113　62.ཚེ་དཔག་དུ་མྱེད་པ་ཞེས་བྱ་བ་ཐེག་པ་ཆེན་པོའི་མདོ།

62.大乘無量壽宗要經　　　(204-95)

英 IOL.Tib.J.VOL.113　62.ཚེ་དཔག་དུ་མྱེད་པ་ཞེས་བྱ་བ་ཐེག་པ་ཆེན་པོའི་མདོ།　　　63.ཞུས་བྱང་།

62.大乘無量壽宗要經　　　63.校對題記　　(204-96)

52

英 IOL.Tib.J.VOL.113　64.ཚེ་དཔག་དུ་མྱེད་པ་ཞེས་བྱ་བ་ཐེག་པ་ཆེན་པོའི་མདོ།
64.大乘無量壽宗要經　　(204-97)

英 IOL.Tib.J.VOL.113　64.ཚེ་དཔག་དུ་མྱེད་པ་ཞེས་བྱ་བ་ཐེག་པ་ཆེན་པོའི་མདོ།
64.大乘無量壽宗要經　　(204-98)

英 IOL.Tib.J.VOL.113　64.ཚེ་དཔག་དུ་མྱེད་པ་ཞེས་བྱ་བ་ཐེག་པ་ཆེན་པོའི་མདོ།　　65.ཞུས་བྱང་།

64.大乘無量壽宗要經　　65.校對題記　　(204-99)

英 IOL.Tib.J.VOL.113　66.ཚེ་དཔག་དུ་མྱེད་པ་ཞེས་བྱ་བ་ཐེག་པ་ཆེན་པོའི་མདོ།

66.大乘無量壽宗要經　　(204-100)

54

英 IOL.Tib.J.VOL.113　66.ཚེ་དཔག་དུ་མྱེད་པ་ཞེས་བྱ་བ་ཐེག་པ་ཆེན་པོའི་མདོ།

66.大乘無量壽宗要經　　（204－101）

英 IOL.Tib.J.VOL.113　66.ཚེ་དཔག་དུ་མྱེད་པ་ཞེས་བྱ་བ་ཐེག་པ་ཆེན་པོའི་མདོ།　　67.ཞུས་བྱང་།

66.大乘無量壽宗要經　　67.校對題記　　（204－102）

英 IOL.Tib.J.VOL.113　68.ཚེ་དཔག་དུ་མྱེད་པ་ཞེས་བྱེ་བ་ཐེག་པ་ཆེན་པོའི་མདོ།
68.大乘無量壽宗要經　　　(204–103)

英 IOL.Tib.J.VOL.113　68.ཚེ་དཔག་དུ་མྱེད་པ་ཞེས་བྱེ་བ་ཐེག་པ་ཆེན་པོའི་མདོ།
68.大乘無量壽宗要經　　　(204–104)

英 IOL.Tib.J.VOL.113　　68.ཚེ་དཔག་དུ་མྱེད་པ་ཞེས་བྱ་བ་ཐེག་པ་ཆེན་པོའི་མདོ།　　69.ཞུས་བྱང་།

68.大乘無量壽宗要經　　69.校對題記　　(204-105)

英 IOL.Tib.J.VOL.113　　70.ཚེ་དཔག་དུ་མྱེད་པ་ཞེས་བྱ་བ་ཐེག་པ་ཆེན་པོའི་མདོ།

70.大乘無量壽宗要經　　(204-106)

英 IOL.Tib.J.VOL.113　70.ཚེ་དཔག་དུ་མྱེད་པ་ཞེས་བྱ་བ་ཐེག་པ་ཆེན་པོའི་མདོ།
70.大乘無量壽宗要經　　　(204-107)

英 IOL.Tib.J.VOL.113　70.ཚེ་དཔག་དུ་མྱེད་པ་ཞེས་བྱ་བ་ཐེག་པ་ཆེན་པོའི་མདོ།　71.ཞུས་བྱང་།
70.大乘無量壽宗要經　　71.校對題記　(204-108)

英 IOL.Tib.J.VOL.113　72.ཚེ་དཔག་དུ་མྱེད་པ་ཞེས་བྱ་བའ་ཐེག་པ་ཆེན་པོའི་མདོ།
72.大乘無量壽宗要經　　（204–109）

英 IOL.Tib.J.VOL.113　72.ཚེ་དཔག་དུ་མྱེད་པ་ཞེས་བྱ་བའ་ཐེག་པ་ཆེན་པོའི་མདོ།
72.大乘無量壽宗要經　　（204–110）

英 IOL.Tib.J.VOL.113　72.ཚེ་དཔག་དུ་མྱེད་པ་ཞེས་བྱ་བའ་ཐེག་པ་ཆེན་པོའི་མདོ།　　73.ཞུས་བྱང་།

72.大乘無量壽宗要經　　　73.校對題記　　(204-111)

英 IOL.Tib.J.VOL.113　74.ཚེ་དཔག་དུ་མྱེད་པ་ཞེས་བྱེ་བ་ཐེག་པ་ཆེན་པོའི་མདོ།

74.大乘無量壽宗要經　　(204-112)

英 IOL.Tib.J.VOL.113　74.ཚེ་དཔག་དུ་མྱེད་པ་ཞེས་བྱེ་བ་ཐེག་པ་ཆེན་པོ་འི་མདོ།
74.大乘無量壽宗要經　　　(204–113)

英 IOL.Tib.J.VOL.113　74.ཚེ་དཔག་དུ་མྱེད་པ་ཞེས་བྱེ་བ་ཐེག་པ་ཆེན་པོ་འི་མདོ།　　75.ཞུས་བྱང་།
74.大乘無量壽宗要經　　　75.校對題記　　(204–114)

英 IOL.Tib.J.VOL.113　　76.ཚེ་དཔག་དུ་མྱེད་པ་ཞེས་བྱ་བ་ཐེག་པ་ཆེན་པོའི་མདོ།
76.大乘無量壽宗要經　　　　(204–115)

英 IOL.Tib.J.VOL.113　　76.ཚེ་དཔག་དུ་མྱེད་པ་ཞེས་བྱ་བ་ཐེག་པ་ཆེན་པོའི་མདོ།
76.大乘無量壽宗要經　　　　(204–116)

英 IOL.Tib.J.VOL.113　76.ཚེ་དཔག་དུ་མྱེད་པ་ཞེས་བྱ་བ་ཐེག་པ་ཆེན་པོའི་མདོ།　　77.ཞུས་བྱང་།

76.大乘無量壽宗要經　　77.校對題記　　(204–117)

英 IOL.Tib.J.VOL.113　78.ཚེ་དཔག་དུ་མྱེད་པ་ཞེས་བྱ་བའ་ཐེག་པ་ཆེན་པོའི་མདོ།

78.大乘無量壽宗要經　　(204–118)

英 IOL.Tib.J.VOL.113　78.ཚེ་དཔག་དུ་མྱེད་པ་ཞེས་བྱ་བའི་ཐེག་པ་ཆེན་པོའི་མདོ།

78.大乘無量壽宗要經　　　(204-119)

英 IOL.Tib.J.VOL.113　78.ཚེ་དཔག་དུ་མྱེད་པ་ཞེས་བྱ་བའི་ཐེག་པ་ཆེན་པོའི་མདོ།　79.ཞུས་བྱང་།

78.大乘無量壽宗要經　　79.校對題記　　(204-120)

英 IOL.Tib.J.VOL.113　80.ཚེ་དཔག་དུ་མྱེད་པ་ཞེས་བྱ་བ་ཐེག་པོའི་མདོ།
80.大乘無量壽宗要經　　　(204–121)

英 IOL.Tib.J.VOL.113　80.ཚེ་དཔག་དུ་མྱེད་པ་ཞེས་བྱ་བ་ཐེག་པོའི་མདོ།
80.大乘無量壽宗要經　　　(204–122)

英 IOL.Tib.J.VOL.113　　80.ཚེ་དཔག་དུ་མྱེད་པ་ཞེས་བྱ་བ་ཐེག་པོའི་མདོ།　　81.ཞུས་བྱང་།
80.大乘無量壽宗要經　　81.校對題記　　(204-123)

英 IOL.Tib.J.VOL.113　　82.ཚེ་དཔག་དུ་མྱེད་པ་ཞེས་བྱ་བ་ཐེག་པ་ཆེན་པོའི་མདོ།
82.大乘無量壽宗要經　　(204-124)

英 IOL.Tib.J.VOL.113　82.ཚེ་དཔག་དུ་མྱེད་པ་ཞེས་བྱ་བ་ཐེག་པ་ཆེན་པོའི་མདོ།

82.大乘無量壽宗要經　　　(204–125)

英 IOL.Tib.J.VOL.113　82.ཚེ་དཔག་དུ་མྱེད་པ་ཞེས་བྱ་བ་ཐེག་པ་ཆེན་པོའི་མདོ།　　83.བྲིས་ཞུས་བྱུང་།

82.大乘無量壽宗要經　　83.抄寫校對題記　　(204–126)

英 IOL.Tib.J.VOL.113　84.ཚེ་དཔག་དུ་མྱེད་པ་ཞེས་བྱ་བ་ཐེག་པ་ཆེན་པོའི་མདོ།
84.大乘無量壽宗要經　　(204–127)

英 IOL.Tib.J.VOL.113　84.ཚེ་དཔག་དུ་མྱེད་པ་ཞེས་བྱ་བ་ཐེག་པ་ཆེན་པོའི་མདོ།
84.大乘無量壽宗要經　　(204–128)

英 IOL.Tib.J.VOL.113　84.ཚེ་དཔག་དུ་མྱེད་པ་ཞེས་བྱ་བ་ཐེག་པ་ཆེན་པོའི་མདོ།　　85.ཞུས་བྱང་།

84.大乘無量壽宗要經　　85.校對題記　　(204-129)

英 IOL.Tib.J.VOL.113　86.ཚེ་དཔག་དུ་མྱེད་པ་ཞེས་བྱ་བ་ཐེག་པ་ཆེན་པོའི་མདོ།

86.大乘無量壽宗要經　　(204-130)

英 IOL.Tib.J.VOL.113　　86.ཚེ་དཔག་དུ་མྱེད་པ་ཞེས་བྱ་བ་ཐེག་པ་ཆེན་པོའི་མདོ།
　　　　　　　　86.大乘無量壽宗要經　　　　（204–131）

英 IOL.Tib.J.VOL.113　　86.ཚེ་དཔག་དུ་མྱེད་པ་ཞེས་བྱ་བ་ཐེག་པ་ཆེན་པོའི་མདོ།　　87.བྲིས་ཞུས་བྱང་།
　　　　　　　　86.大乘無量壽宗要經　　87.抄寫校對題記　　（204–132）

英 IOL.Tib.J.VOL.113　88.ཚེ་དཔག་དུ་མྱེད་པའ་ཞེས་བྱ་བ་ཐེག་པ་ཆེན་པོའི་མདོ།
88.大乘無量壽宗要經　　(204–133)

英 IOL.Tib.J.VOL.113　88.ཚེ་དཔག་དུ་མྱེད་པའ་ཞེས་བྱ་བ་ཐེག་པ་ཆེན་པོའི་མདོ།
88.大乘無量壽宗要經　　(204–134)

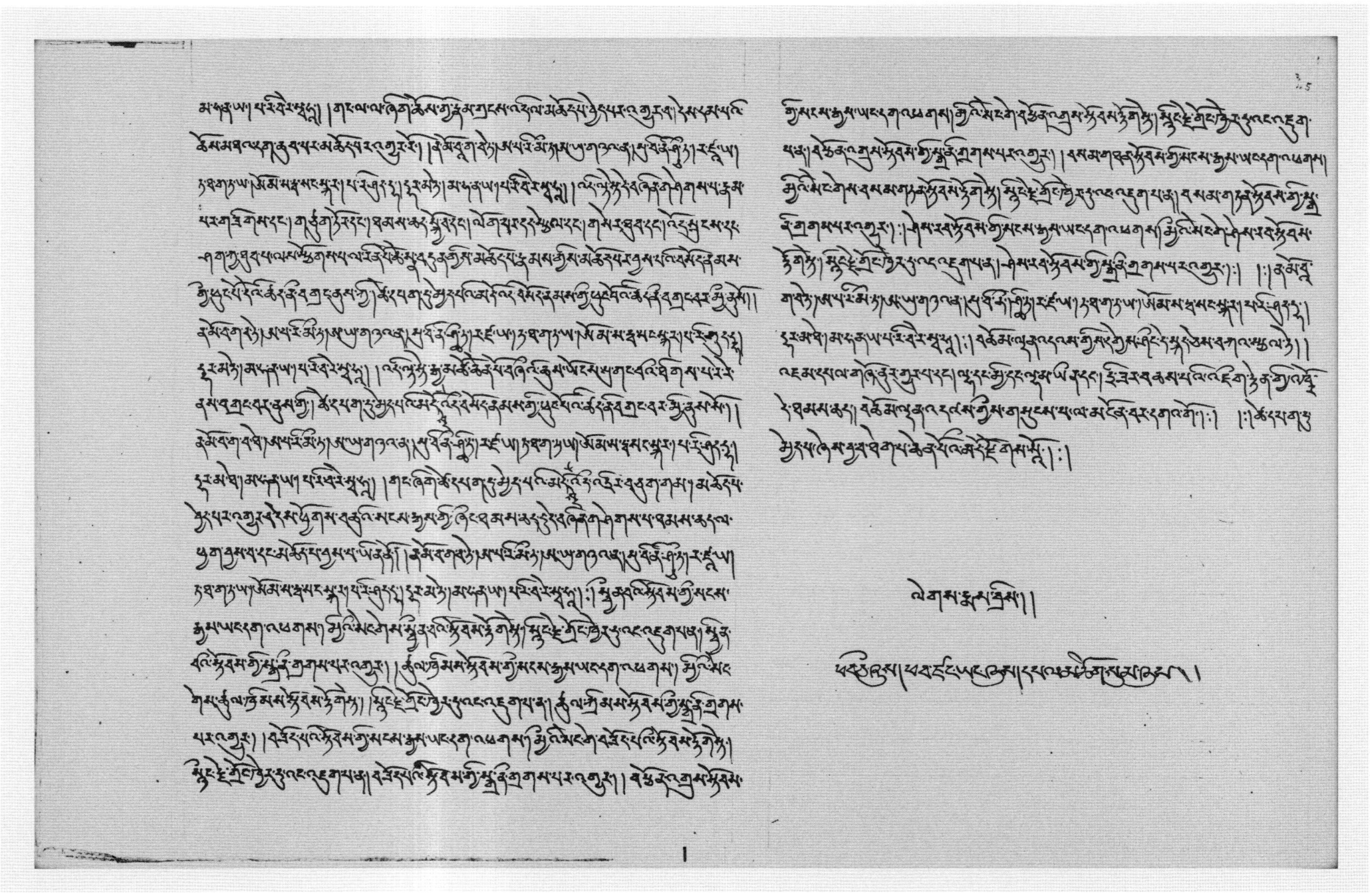

英 IOL.Tib.J.VOL.113　88.ཚེ་དཔག་ཏུ་མྱེད་པའ་ཞེས་བྱ་བ་ཐེག་པ་ཆེན་པོའི་མདོ་།　89.བྲིས་ཞུས་བྱང་།
88.大乘無量壽宗要經　89.抄寫校對題記　(204–135)

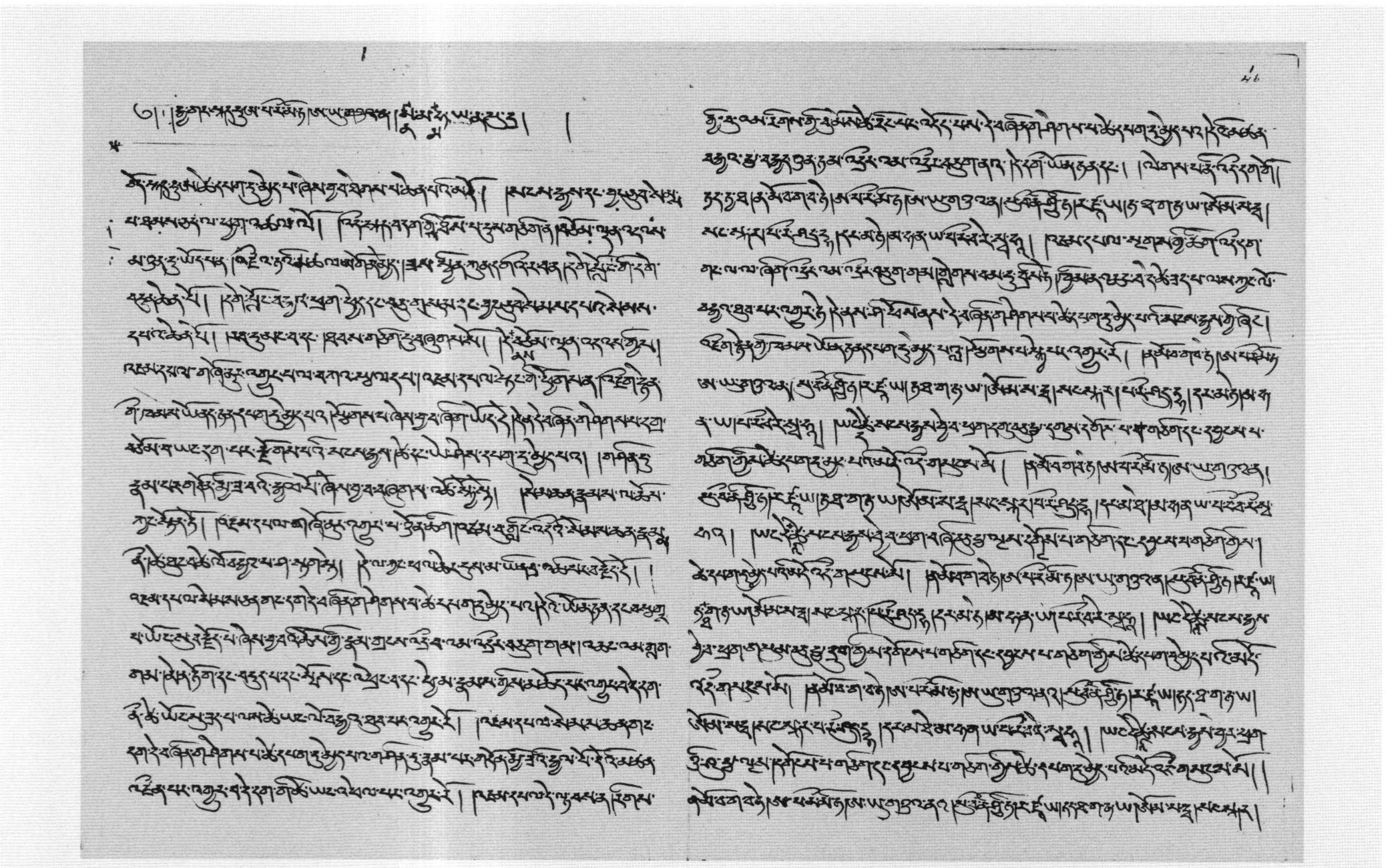

英 IOL.Tib.J.VOL.113　90.ཚེ་དཔག་ཏུ་མྱེད་པ་ཞེས་བྱ་བ་ཐེགས་པ་ཆེན་པོའི་མདོ།
90.大乘無量壽宗要經　(204–136)

英 IOL.Tib.J.VOL.113　90.ཚེ་དཔག་དུ་མྱེད་པ་ཞེས་བྱ་བ་ཐེགས་པ་ཆེན་པོའི་མདོ།

90.大乘無量壽宗要經　　　(204–137)

英 IOL.Tib.J.VOL.113　90.ཚེ་དཔག་དུ་མྱེད་པ་ཞེས་བྱ་བ་ཐེགས་པ་ཆེན་པོའི་མདོ།　91.བྲིས་ཞུས་བྱང་།

90.大乘無量壽宗要經　　91.抄寫校對題記　　(204–138)

英 IOL.Tib.J.VOL.113　92.ཚེ་དཔག་དུ་མྱེད་པ་ཞེས་བྱ་བ་ཐེག་པ་ཆེན་པོའི་མདོ།
92.大乘無量壽宗要經　　(204-139)

英 IOL.Tib.J.VOL.113　92.ཚེ་དཔག་དུ་མྱེད་པ་ཞེས་བྱ་བ་ཐེག་པ་ཆེན་པོའི་མདོ།
92.大乘無量壽宗要經　　(204-140)

英 IOL.Tib.J.VOL.113　92.ཚེ་དཔག་ཏུ་མྱེད་པ་ཞེས་བྱ་བ་ཐེག་པ་ཆེན་པོའི་མདོ།　93.བྲིས་ཞུས་བྱུང་།

92.大乘無量壽宗要經　　93.抄寫校對題記　　(204–141)

英 IOL.Tib.J.VOL.113　94.ཚེ་དཔག་ཏུ་མྱེད་པ་ཞེས་བྱ་བ་ཐེག་པ་ཆེན་པོའི་མདོ།

94.大乘無量壽宗要經　　(204–142)

英 IOL.Tib.J.VOL.113 94.ཚེ་དཔག་དུ་མེད་པ་ཞེས་བྱ་བ་ཐེག་པ་ཆེན་པོའི་མདོ།

94.大乘無量壽宗要經 (204–143)

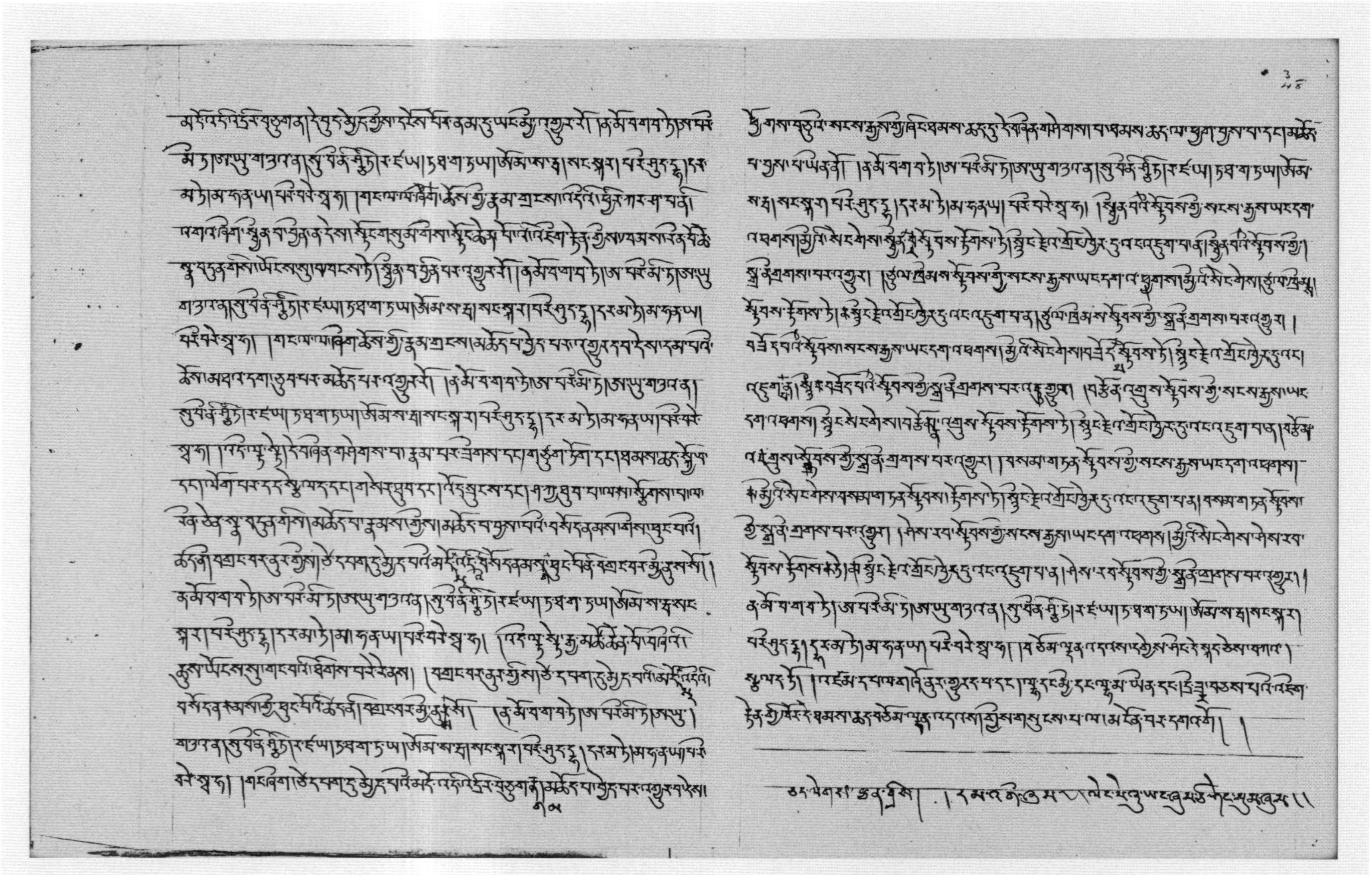

英 IOL.Tib.J.VOL.113 94.ཚེ་དཔག་དུ་མེད་པ་ཞེས་བྱ་བ་ཐེག་པ་ཆེན་པོའི་མདོ། 95.བྲིས་ཞུས་བྱང་།

94.大乘無量壽宗要經 95.抄寫校對題記 (204–144)

英 IOL.Tib.J.VOL.113　96.ཚེ་དཔག་དུ་མྱེད་པ་ཞེས་བྱ་བ་ཐེག་པ་ཆེན་པོའི་མདོ
96.大乘無量壽宗要經　　　(204–145)

英 IOL.Tib.J.VOL.113　96.ཚེ་དཔག་དུ་མྱེད་པ་ཞེས་བྱ་བ་ཐེག་པ་ཆེན་པོའི་མདོ
96.大乘無量壽宗要經　　　(204–146)

英 IOL.Tib.J.VOL.113　96.ཚེ་དཔག་དུ་མྱེད་པ་ཞེས་བྱ་བ་ཐེག་པ་ཆེན་པོའི་མདོ།　　97.བྲིས་ཞུས་བྱང་།

96.大乘無量壽宗要經　　　97.抄寫校對題記　　　(204-147)

英 IOL.Tib.J.VOL.113　98.ཚེ་དཔག་དུ་མྱེད་པ་ཞེས་བྱ་བ་ཐེག་པ་ཆེན་པོའི་མདོ།

98.大乘無量壽宗要經　　　(204-148)

英 IOL.Tib.J.VOL.113　98.ཚེ་དཔག་དུ་མྱེད་པ་ཞེས་བྱ་བ་ཐེག་པ་ཆེན་པོའི་མདོ།

98.大乘無量壽宗要經　　(204−149)

英 IOL.Tib.J.VOL.113　98.ཚེ་དཔག་དུ་མྱེད་པ་ཞེས་བྱ་བ་ཐེག་པ་ཆེན་པོའི་མདོ།　99.བྲིས་ཞུས་བྱང་།

98.大乘無量壽宗要經　　99.抄寫校對題記　　(204−150)

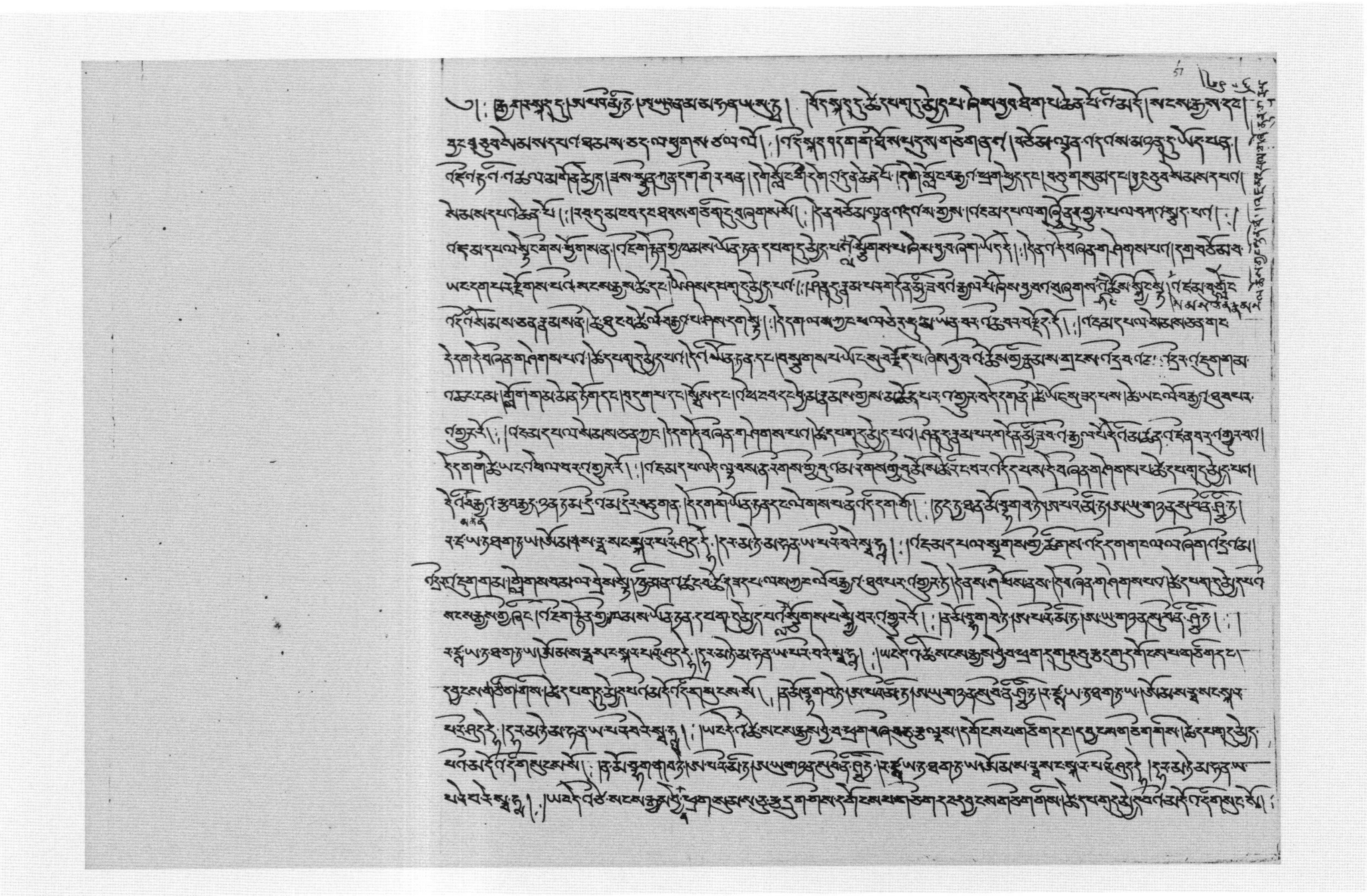

英 IOL.Tib.J.VOL.113　100.ཚེ་དཔག་ཏུ་མེད་པ་ཞེས་བྱ་བ་ཐེག་པ་ཆེན་པོའི་མདོ།
100.大乘無量壽宗要經　(204–151)

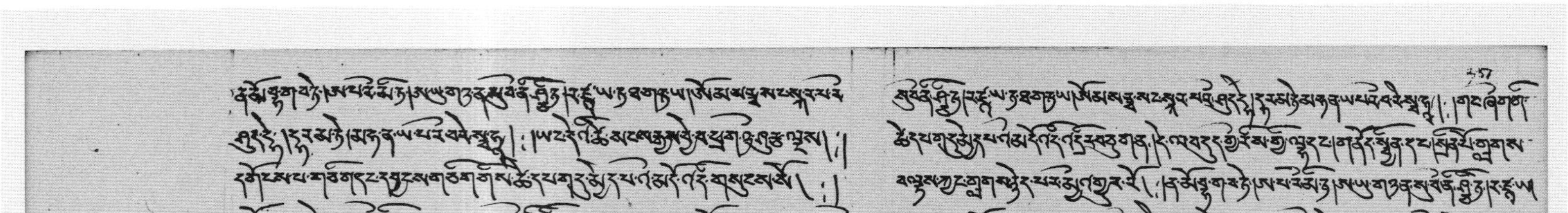

英 IOL.Tib.J.VOL.113　100.ཚེ་དཔག་ཏུ་མེད་པ་ཞེས་བྱ་བ་ཐེག་པ་ཆེན་པོའི་མདོ།
100.大乘無量壽宗要經　(204–152)

英 IOL.Tib.J.VOL.113　　100.ཚེ་དཔག་ཏུ་མྱེད་པ་ཞེས་བྱ་བ་ཐེག་པ་ཆེན་པོའི་མདོ།　　101.བྲིས་ཞུས་བྱང་།

100.大乘無量壽宗要經　　　101.抄寫校對題記　　（204–153）

英 IOL.Tib.J.VOL.113　　102.ཚེ་དཔག་ཏུ་མྱེད་པ་ཞེས་བྱ་བ་ཐེག་པ་ཆེན་པོའི་མདོ།

102.大乘無量壽宗要經　　　（204–154）

英 IOL.Tib.J.VOL.113　102.ཚེ་དཔག་ཏུ་མེད་པ་ཞེས་བྱ་བ་ཐེག་པ་ཆེན་པོའི་མདོ།
102.大乘無量壽宗要經　(204–155)

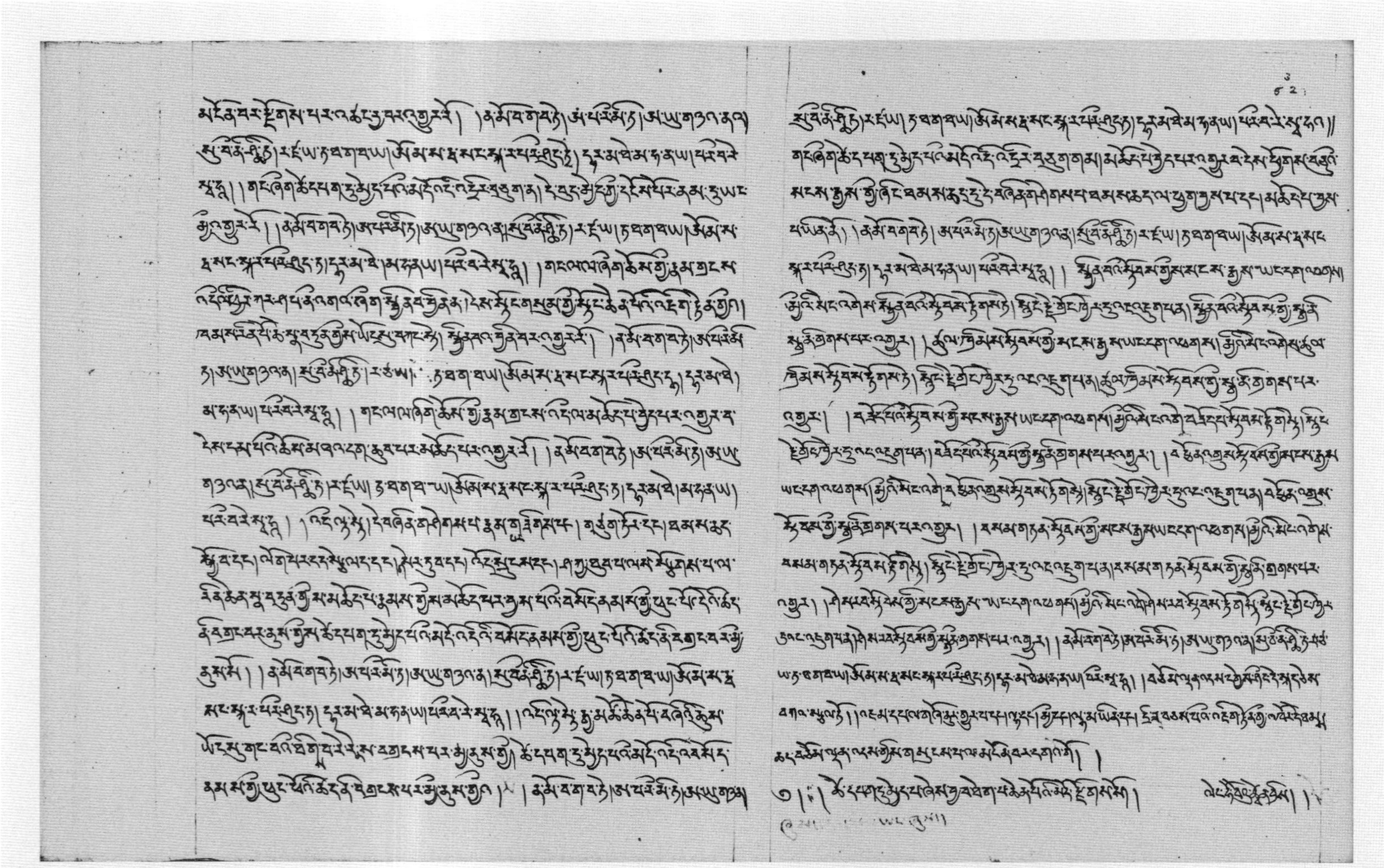

英 IOL.Tib.J.VOL.113　102.ཚེ་དཔག་ཏུ་མེད་པ་ཞེས་བྱ་བ་ཐེག་པ་ཆེན་པོའི་མདོ།　103.བྲིས་ཞུས་བྱང་།
102.大乘無量壽宗要經　103.抄寫校對題記　(204–156)

英 IOL.Tib.J.VOL.113　104.ཚེ་དཔག་དུ་མྱེད་པ་ཞེས་བྱ་བ་ཐེག་པ་ཆེན་པོའི་མདོ།
104.大乘無量壽宗要經　　　(204–157)

英 IOL.Tib.J.VOL.113　104.ཚེ་དཔག་དུ་མྱེད་པ་ཞེས་བྱ་བ་ཐེག་པ་ཆེན་པོའི་མདོ།
104.大乘無量壽宗要經　　　(204–158)

英 IOL.Tib.J.VOL.113　　104.ཚེ་དཔག་དུ་མྱེད་པ་ཞེས་བྱ་བ་ཐེག་པ་ཆེན་པོའི་མདོ།　　　105.བྲིས་ཞུས་བྱང་།
　　　　　　　　　104.大乘無量壽宗要經　　　　105.抄寫校對題記　　　(204–159)

英 IOL.Tib.J.VOL.113　　106.ཚེ་དཔག་དུ་མྱེད་པ་ཞེས་བྱ་བ་ཐེག་པ་ཆེན་པོའི་མདོ།
　　　　　　　　　106.大乘無量壽宗要經　　　(204–160)

英 IOL.Tib.J.VOL.113　106.ཚེ་དཔག་དུ་མེད་པ་ཞེས་བྱ་བ་ཐེག་པ་ཆེན་པོའི་མདོ།
106.大乘無量壽宗要經　(204–161)

英 IOL.Tib.J.VOL.113　106.ཚེ་དཔག་དུ་མེད་པ་ཞེས་བྱ་བ་ཐེག་པ་ཆེན་པོའི་མདོ།
106.大乘無量壽宗要經　(204–162)

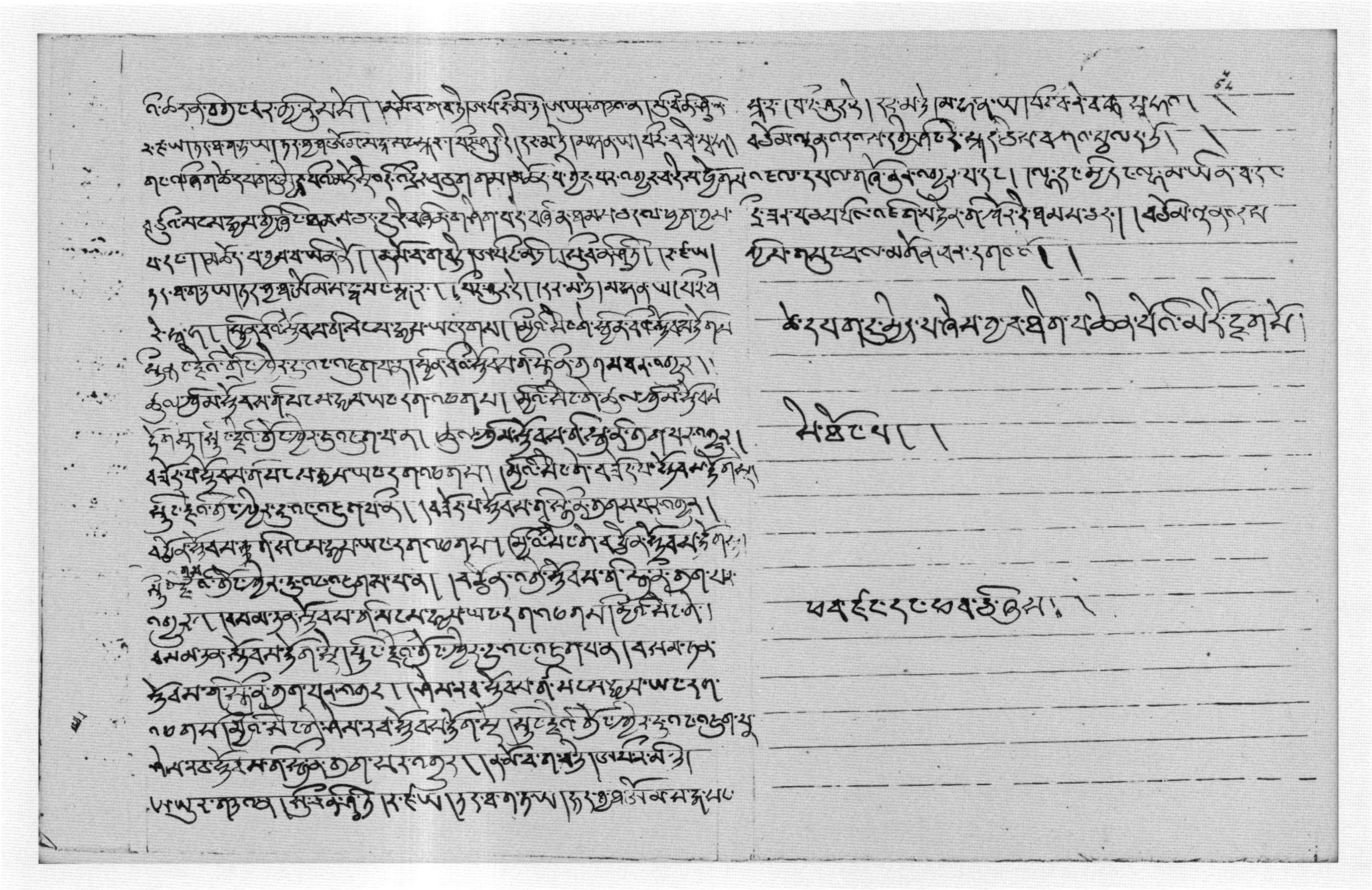

英 IOL.Tib.J.VOL.113　106.ཚེ་དཔག་དུ་མེད་པ་ཞེས་བྱ་བ་ཐེག་པ་ཆེན་པོའི་མདོ།　107.ཞུས་བྱང་།
106.大乘無量壽宗要經　107.校對題記　(204–163)

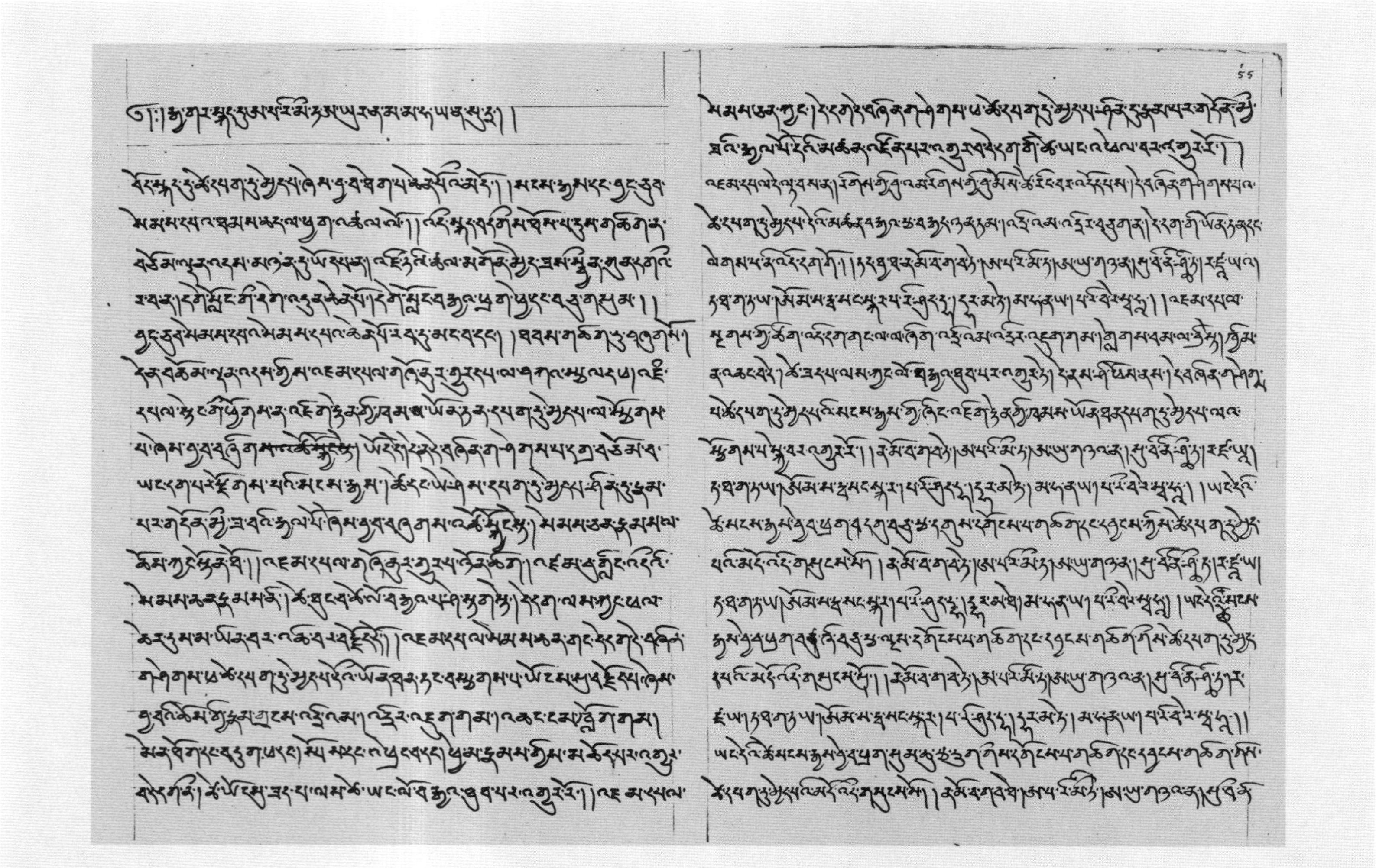

英 IOL.Tib.J.VOL.113　108.ཚེ་དཔག་དུ་མེད་པ་ཞེས་བྱ་བ་ཐེག་པ་ཆེན་པོའི་མདོ།
108.大乘無量壽宗要經　(204–164)

英 IOL.Tib.J.VOL.113　　108.ཚེ་དཔག་དུ་མྱེད་པ་ཞེས་བྱ་བ་ཐེག་པ་ཆེན་པོའི་མདོ།
108.大乘無量壽宗要經　　　(204–165)

英 IOL.Tib.J.VOL.113　　108.ཚེ་དཔག་དུ་མྱེད་པ་ཞེས་བྱ་བ་ཐེག་པ་ཆེན་པོའི་མདོ།
108.大乘無量壽宗要經　　　(204–166)

87

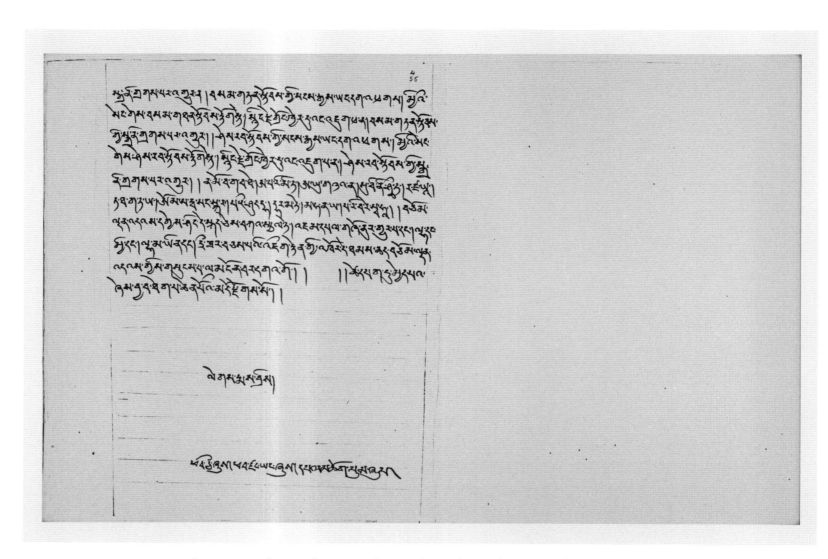

ཀྱུན་བྲ་ཏགས་པར་གྱུར་ཏ། །རྨ་མ་ཐ་ཐུབ་ཆེས་བ་བ་མ་རྫོགས་པ་ནུ་གུ་གསོ། །སྐུ་ཅེ་
མར་རྐུ་ནམས་ས་ཏ་སྟེན་ཆེས་ཀྱི་བུ། སྨྲ་ཏ་བ་ཐེ་བ་རུ་ཐ་ཏ་ཏུན་ཡག་གགས་མ་ཏ་གུ་རྫོགས།
ཀྱི་སྐུན་གགས་པར་གུར་པ་ས། །མ་རང་ཆེ་ནམས་ས་གམ་གུ་མ་བཏགས་པ་ལ་ནམ། སྨྲ་ཐི་མ་
ཐ་ས་རབ་ཏ་ས་ནི། །མྱུང་རྫོག་ཆེས་ཙ་ས་ཆ་ས་བ་ཡ་ག །མ་བ་རནམ་ས་གྱུ་
ཐ་གགས་པ་ས་གྱུ། །རྨ་ཐ་བ་ཡ་མ་ཆེ་ས་ཡ་ཏ་ས་རྫོག་ཆེས། །ཐེ་ང།
 རྨ་སྙིང་ནི་མ་ས་མ་ས་རྐུ་ཐ་པ་ལ་ས། །རྨ་རྫེ། །མ་ངུ་ཡ་པ་ཏྲེ་སྟུ། །ཐ་ནམ་
ཡུ་རནམ་ས་ར་ཏུ་ས་ནི་ས་ས་མ་ག་བ་ས་གོ། །ཐ་མ་ར་ལ་གི་ནམ་ཆུ་ཆ་སྤ་རྐུ་ན།
སྐུང་རྐ་ལུན་ཡི་རྫེན་ཆེ་བ་ས་མ་ས་བ་ན་ཐ་གི་གུ། ཤི་ཐེ་ཐེ་ནམ་ས་ན་ཆེ་ཐེ་མ།
ཐ་རང་ཀྱི་གུ་ས་མ་ས་ཡ་མ་ན་དག་ནམ་ག་ནི། །   །།ཆེ་ས་ཀུ་ཐུ་ས་རབ་ས།

ཞེས་བྱ་བའི་གགས་པོ་ཐོ་ནི་རྫེ་གགས་སོ། །

ཞེ་ནས་ས་ར་ཐུ་ས།

པ་ཐི་ཐུ་གགས་པ་ར་ལུང་ར་ལུན། །པ་ར་ས་རཆེ་ཏྲག་ས་ས་རྫོག་སུ་ས།

英 IOL.Tib.J.VOL.113　　108.ཚེ་དཔག་ཏུ་མྱེད་པ་ཞེས་བྱ་བ་ཐེག་པ་ཆེན་པོའི་མདོ།　　　109.བྲིས་ཞུས་བྱང་།
　　　　　　　　　　108.大乘無量壽宗要經　　　109.抄寫校對題記　　　(204–167)

༄༅། །རྒྱ་གར་སྐད་དུ༑ པེ་མེ་ཏི་ཀ༑པུ་སྟྲུ་ཀ༑མ་ཧ་ཡ་ན་སུ་ཏྲ༑ ། །

དེ་སྐད་དུ་ཆེ་དག་དུ་བྱུ་བ་ན་ཞེས་བྱ་བ་ནི་ས་ཁ་ས་མ་ནི་གོ། །སྟང་ནམ་རང་དུ་བྱུ་བ་
མོ་ཁ་ར་ར་ར་ནམ་ཆེ་ཤ་ས་ཡ་ས་པ་ལ་ལ། །ཐ་རྐྱུ་བ་གི་ཐེ་ནམ་ས་ཡ་ན་ཆེ་བ། །བ་ཆ་ས་
ནུན་ཐ་ནམ་རཅེ་དུ་ཡྀ་ན་དག །ཐེ་ར་ནི་ཆེ་ས་མ་ནི་ཅེ་ས། །རྨ་སྙོན་བྱུ་ས་ས་ར་ཉི་ལ། །
ཐེ་ཐི་ཤྲི་གི་ཐོ་དུ་ས་སྐུང་དུ། །མ་ས་ཏ་ན་ས་བྱུ་ཐཔ་ར་སྲུག །སུ་ས་ཡ་ནམ་ས་བ་ནམ་ར་ས།
ཅེ་ཐ་ས་ནམ་ཆ་བ་ས་ཐ་བ་ཐ་བ་སོ། །ཐི་ན་ཆ་རྫོག་ས་གི །ཐི་ཐ་ར་ཆ།
ཐི་ཞི་བྱུན་རང་ར་དམ་ས་ས་ཆ་ས་ས་ཡ་ཆ་ས་རཔ་ར་ས་ཆ་ར་ཆོ། །ར་ཐ་བ་ཆ་ཐ་ས་ཆ་ས་ས།
ཐེ་ཆ་ཐ་ས་གྲ་ན་ཡ་ཐ་ས་ས་ན་ས་ར་བྱུ་ས་ཐོ་ཐེ་ས་རྫོག་སུ། །རྫོག་ར་ཡ་
མ་ས་རྫོག་ནམ་ས། ། །རྫོ་ཆ་རིན་ས་ས་ས་ན་ས་བ་ཐ་ས་གུ་ཐ་པ་ན་ཉི་ན་ས། །
ཐི་ཤ་ཐེ་ཐི་ཙ། །ཐ་མ་ས་ན་ས་ས་མ་ས་ག་ས་ར་ན་ཡ་ཐ་བ་ནམ་ཆེ་ནམ་ཐ་ཉི། །
ཐ་རི་ཐ་ས་ར་ཆ་ཆ། །ཐ་ས་རྐྱུ་ར་ས་ཐ་བ་ཆ་བ་ཆ་ར་ས་ཏ་ཆ་ར། །
ཐི་རི་ན་མ་ནམ་སུ་ས་ཆ་ས་ར་ཡ་ཐ་ས་ས་ས་ན་ཆ་བ་ཆ་ས་ར་ནམ་ས་ས། །
ཆེ་ཐཔ་ར་ས་ཅུ་ས་ཆ་ས་ནམ་ས་ཐ་ཆ་ས་ཆེ་ནུ་ཆ་ཉི་ཐ་ས། །
ཐི་ང་ཐི་ཡི་ཆ་ཞུ་ར་ཡ་ཐེ་བ་ཐ་ས་ས་ན་ས་ས་ར་ན་ཐ་ག་ས་ར་ས།

ཕྱོགས་ཀྱི་སྙིང་རོ་དེ་ནི་ར་བ་ན་ར་དེ་རཆ་ཐཔ། དེ་བཞིན་གགས་པ་ར་ཆེ་ར་དག་ས་ཐེ་ཐི་སྐར་ས་ཡུག་པ་ས་ར།
ཐ་ཐ་ཆ་བ་ས་ར་ཆ་རཔ་ག་ས་ར། །མ་ས་མ་ར་ར་ན་ས་ཆ་ན་ས་ཆ་ན་ས་མ་ན། །ཐི་ཡ་ན་ཡ་ས་མ།
ཐེ་མ་ཆ་ཐ་ས་ཐེ་ས་ར་ཆ་ཆ་མ་ཡ་ས་ས་ནུ་ར་ས་ཆ་ཉི་ས་ཐ་ས་ས་ས་ཏ། །མ་ར་ཆ་ཡ་ས་ར་ཏ།
ཐི་ཐ་ས་ར་ཆ་ར་ས་ཐ་ས་ནམ་ས་ས་ས་ཡ་ས་ར། །ཐི་ནམ་ཆ་ཆ་ཉི་ན་ཆ་ར་ས་ས་ཆ་ན།
(ཆུ་ཡ་ར་ཐ་ས) །ཐ་ས་ནི་ས་ཆ་ནམ་ས་ས་ཆ་ས་ནུ་ས་ཆ་ན་ས་ཡ་ས་ནམ་ཆེ་ཡ་ང་ཆ།
ཆེ་ན་ས་ཉི་ན་ཆ་ས་ཆ་ས་ཐི་ཡ་ཆ་ནམ་ས་ཆ་ས་ར་བ་ས་ཆ་ཆོ་ས་ར་ས་ཡ་ཆ་ར་ས།
ཆ་ར་ས་ན་ནི་མ་ན་ས་ར་ཉི་ན་ར་ཐ་ཐ་ཡ་བ་ས། །ན་ས་མ་ས་ན་ཆེ་བ་ན་ཆ་ར་ས།
རམ་ས་ཆ་ན་ནུ་ན་ཡ་པ་ན་ཆ་ར་ས། །ཐ་ས་ན་ཆོ་ན་ཆེ་བ་ན་ན་ས་ན་ཆ་ཆ།
ཆ་ན་ར་ས་ས་ཅུ་ར་ཐ་ཆ་ཉི་ན་ས་ས་རྫོ་ར་ཏ་ན་ས་ར་མ་ར་ས་ར་ས་ར་ཆོ་ར། །ཆ་ཆོ་ས།
ཆ་ས་ཆ་ཐ་ས་ཡ་ཡ་ནི་ས་ར་ཐ་ས་ར། །ཁ་ར་ཐོ་ས་ས་ནམ་ས་ན་ཡ་ས་ཆ་ན་ར་ས།
པ་ཆ་ཆོ་ར་ས་ན་ཆ་ས་ཆ་ཆ་ས་མ་ཆོ་ར་ས་ན་ཆ་ས་མ་ས་ཆ་ན་ར་ས། །ཆ་ན་ཆ་ས་ས།
ཞེ་ན་ས་ར་ས་ན་ཆ་ས་ས་མ་ཆ་ཆ་ས་ཆུ་ར་ས་ཆ་ན་ཆ་ན་མ་ར་ན་མ་ན་ས་ས་ར་ས།
མ་ས་ཆ་བ་ས་ན་ཆ་ས་ན་ས་མ་ས་ནུ་ས་མ་ར་ཆ་ན་ཆ། །ཆ་ར་དོ་ན་ར་ན་ཆ་ས་ར་ས།
ས་ཆོ་ར་ས་ན་ཆོ་ས་ཐ་ས་ར་ཆ་ར་ནམ་ས་ཆ་ར་ས་ཆ་ན་ཆ་ས་ཆ་ན་ཆ་ཆ་ར་ས། །
སྐུ་རྫོ་ར་ནམ་ས་ས་ར་ཆ་ས་ཆ་ཆ་ཉི་ས་ས་ཆ་ས་ན་ཆ་ས་ས་ར་ས་ས་ར་ཆ་ས་ས།

英 IOL.Tib.J.VOL.113　　110.ཚེ་དཔག་ཏུ་མྱེད་པ་ཞེས་བྱ་བ༑།ཐེག་པ་ཆེན་པོའི་མདོ།
　　　　　　　　　　110.大乘無量壽宗要經　　　(204–168)

英 IOL.Tib.J.VOL.113　110.ཚེ་དཔག་དུ་མྱེད་པ་ཞེས་བྱ་བའ་ཐེག་པ་ཆེན་པོའི་མདོ།

110.大乘無量壽宗要經　　(204-169)

英 IOL.Tib.J.VOL.113　110.ཚེ་དཔག་དུ་མྱེད་པ་ཞེས་བྱ་བའ་ཐེག་པ་ཆེན་པོའི་མདོ།

110.大乘無量壽宗要經　　(204-170)

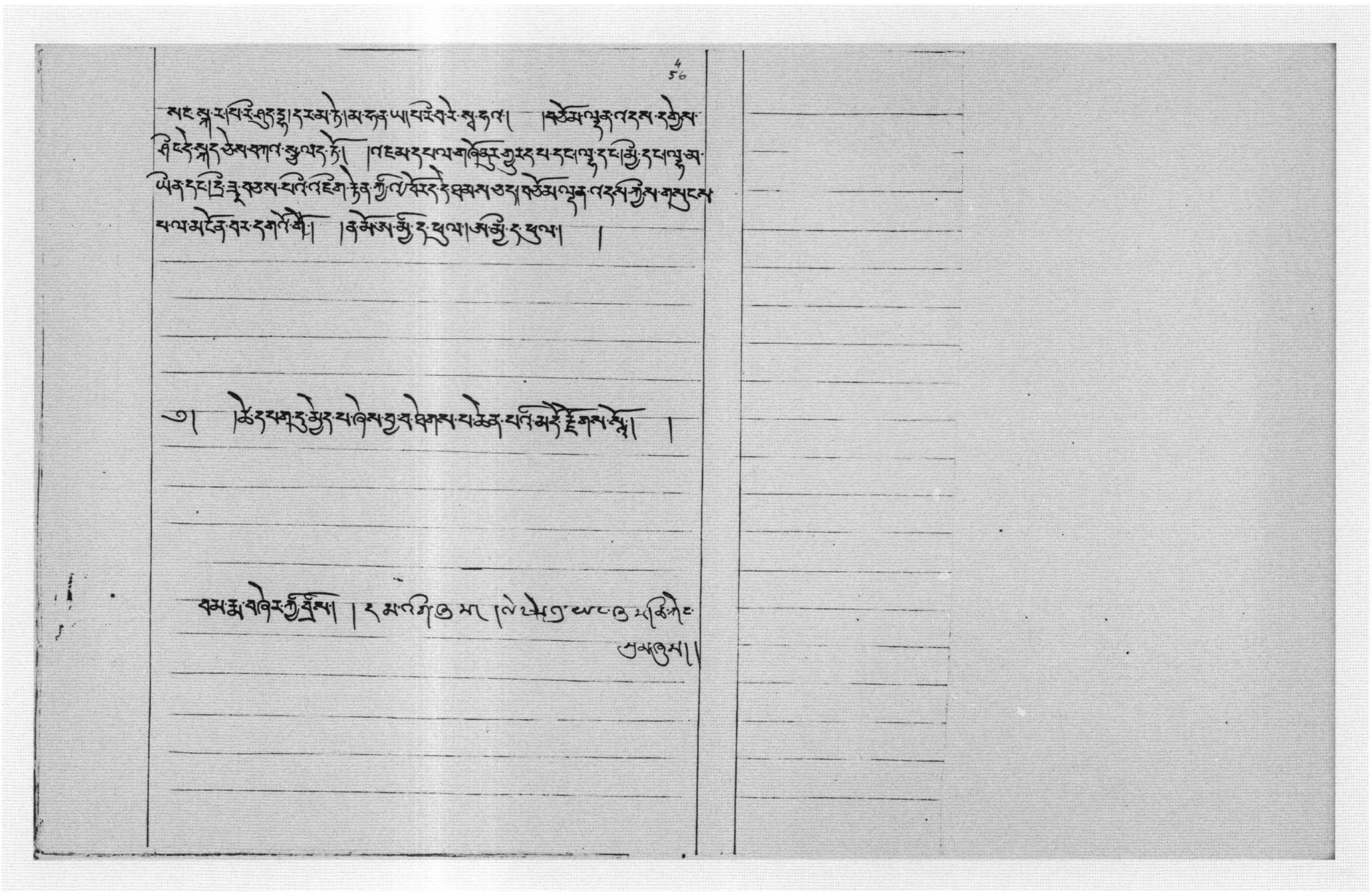

英 IOL.Tib.J.VOL.113　110.ཚེ་དཔག་ཏུ་མེད་པ་ཞེས་བྱ་བའ་།ཐེག་པ་ཆེན་པོའི་མདོ།　111.བྲིས་ཞུས་བྱང་།
110.大乘無量壽宗要經　111.抄寫校對題記　(204–171)

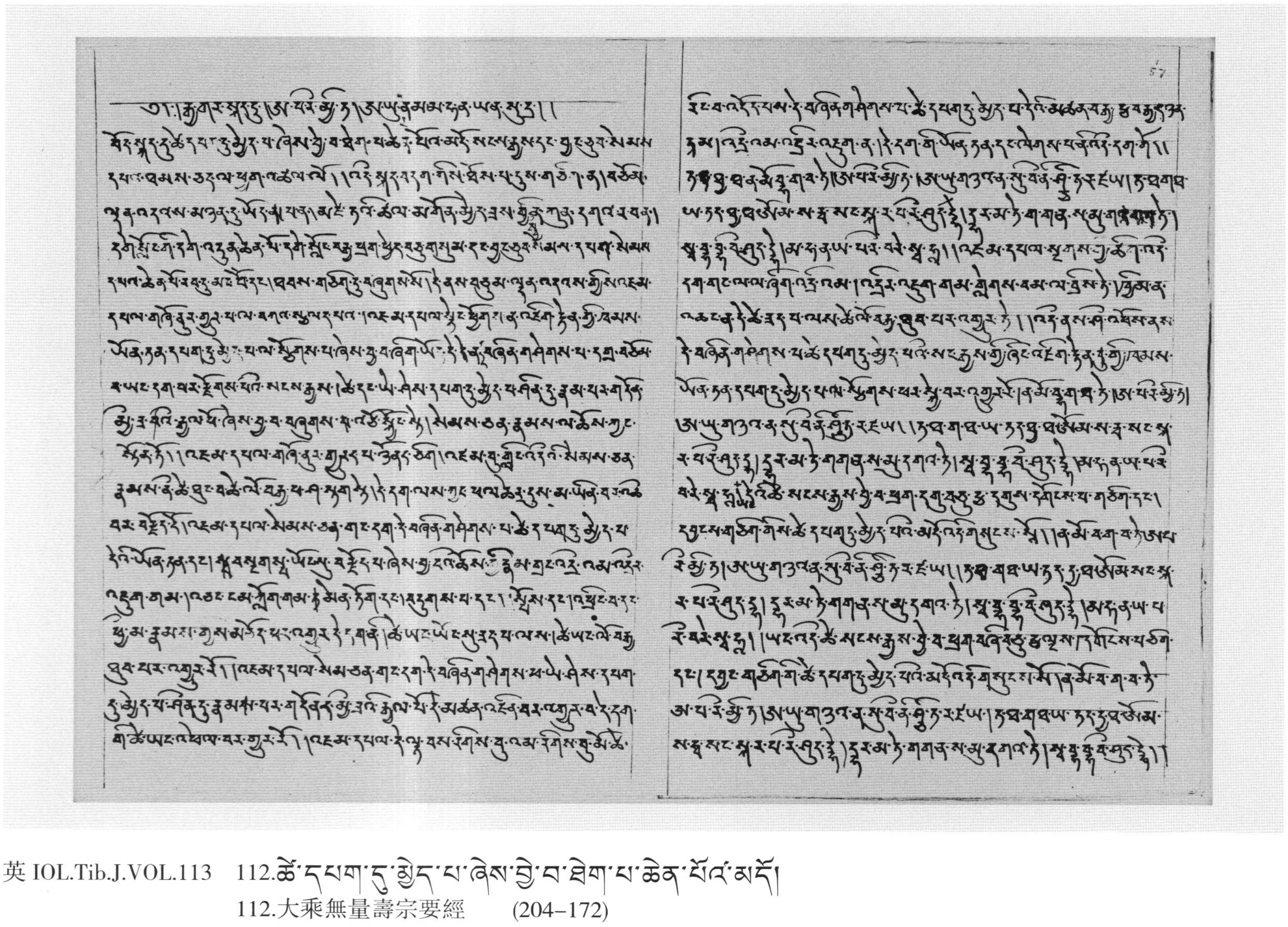

英 IOL.Tib.J.VOL.113　112.ཚེ་དཔག་ཏུ་མེད་པ་ཞེས་བྱེ་བ་ཐེག་པ་ཆེན་པོའ་མདོ།
112.大乘無量壽宗要經　(204–172)

英 IOL.Tib.J.VOL.113　　112.ཚེ་དཔག་དུ་མྱེད་པ་ཞེས་བྱི་བ་ཐེག་པ་ཆེན་པོའ་མདོ།
112.大乘無量壽宗要經　　　　(204-173)

英 IOL.Tib.J.VOL.113　　112.ཚེ་དཔག་དུ་མྱེད་པ་ཞེས་བྱི་བ་ཐེག་པ་ཆེན་པོའ་མདོ།
112.大乘無量壽宗要經　　　　(204-174)

英 IOL.Tib.J.VOL.113　　112.ཚེ་དཔག་དུ་མྱེད་པ་ཞེས་བྱི་བ་ཐེག་པ་ཆེན་པོའ་མདོ།　　113.བྲིས་ཞུས་བྱང་།

112.大乘無量壽宗要經　　113.抄寫校對題記　　(204–175)

英 IOL.Tib.J.VOL.113　　114.ཚེ་དཔག་དུ་མྱེད་པ་ཞེས་བྱ་བ་ཐེག་པ་ཆེན་པོའི་མདོ།

114.大乘無量壽宗要經　　(204–176)

英 IOL.Tib.J.VOL.113　　114.ཚེ་དཔག་དུ་མྱེད་པ་ཞེས་བྱ་བ་ཐེག་པ་ཆེན་པོའི་མདོ།
114.大乘無量壽宗要經　　(204–177)

英 IOL.Tib.J.VOL.113　　114.ཚེ་དཔག་དུ་མྱེད་པ་ཞེས་བྱ་བ་ཐེག་པ་ཆེན་པོའི་མདོ།
114.大乘無量壽宗要經　　(204–178)

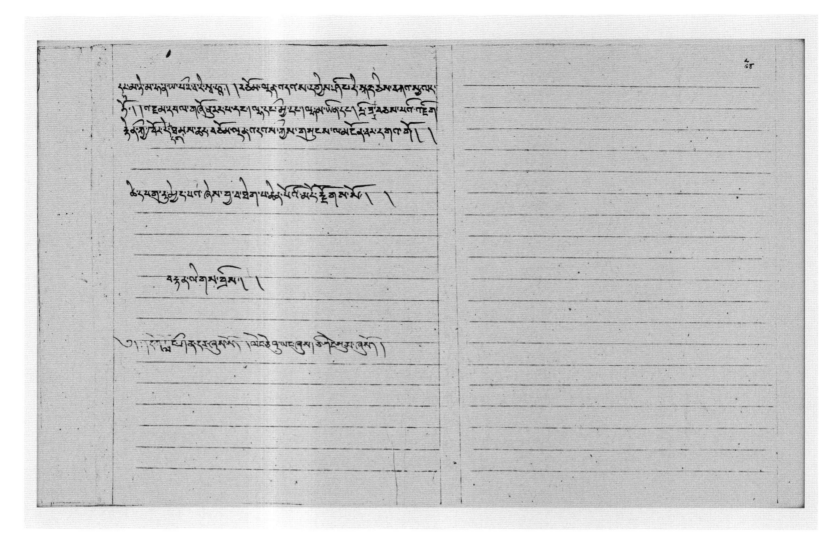

114.ཚེ་དཔག་དུ་མྱེད་པ་ཞེས་བྱ་བ་ཐེག་པ་ཆེན་པོའི་མདོ།　　　　115.བྲིས་ཞུས་བྱུང་།
114.大乘無量壽宗要經　　　115.抄寫校對題記　　(204–179)

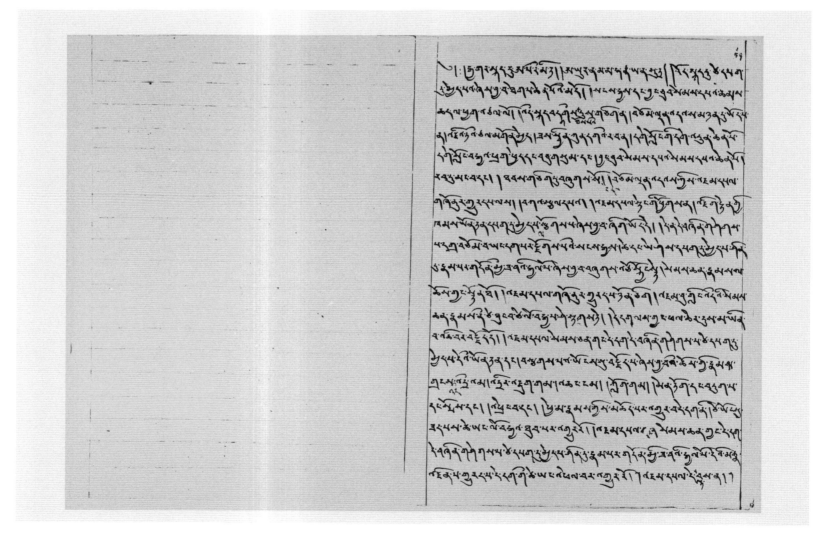

　116.ཚེ་དཔག་དུ་མྱེད་པའ་ཞེས་བྱ་བ་ཐེག་པ་ཆེན་པོའི་མདོ།
116.大乘無量壽宗要經　　(204–180)

英 IOL.Tib.J.VOL.113　116.ཚེ་དཔག་དུ་མྱེད་པའ་ཞེས་བྱ་བ་ཐེག་པ་ཆེན་པོའི་མདོ།
116.大乘無量壽宗要經　　　(204–181)

英 IOL.Tib.J.VOL.113　116.ཚེ་དཔག་དུ་མྱེད་པའ་ཞེས་བྱ་བ་ཐེག་པ་ཆེན་པོའི་མདོ།
116.大乘無量壽宗要經　　　(204–182)

英 IOL.Tib.J.VOL.113　116.ཚོ་དཔག་དུ་མྱེད་པའི་ཞེས་བྱ་བ་ཐེག་པ་ཆེན་པོའི་མདོ།　117.བྲིས་ཞུས་བྱང་།

116.大乘無量壽宗要經　　117.抄寫校對題記　　(204-183)

英 IOL.Tib.J.VOL.113　118.ཚོ་དཔག་དུ་མྱེད་པའི་ཞེས་བྱ་བ་ཐེག་པ་ཆེན་པོའི་མདོ།

118.大乘無量壽宗要經　　(204-184)

英 IOL.Tib.J.VOL.113　118.ཚེ་དཔག་དུ་མྱེད་པའི་ཞེས་བྱ་བ་ཐེག་པ་ཆེན་པོའི་མདོ།
118.大乘無量壽宗要經　　　(204-185)

英 IOL.Tib.J.VOL.113　118.ཚེ་དཔག་ཏུ་མྱེད་པའི་ཞེས་བྱ་བ་ཐེག་པ་ཆེན་པོའི་མདོ།　　119.བྲིས་ཞུས་བྱང་།

118.大乘無量壽宗要經　　119.抄寫校對題記　　(204–187)

英 IOL.Tib.J.VOL.113　120.ཚེ་དཔག་ཏུ་མྱེད་པ་ཞེས་བྱ་བ་ཐེག་པ་ཆེན་པོའི་མདོ།

120.大乘無量壽宗要經　　(204–188)

英 IOL.Tib.J.VOL.113　　120.ཚེ་དཔག་དུ་མྱེད་པ་ཞེས་བྱ་བ་ཐེག་པ་ཆེན་པོའི་མདོ།
120.大乘無量壽宗要經　　　(204－189)

英 IOL.Tib.J.VOL.113　　120.ཚེ་དཔག་དུ་མྱེད་པ་ཞེས་བྱ་བ་ཐེག་པ་ཆེན་པོའི་མདོ།
120.大乘無量壽宗要經　　　(204－190)

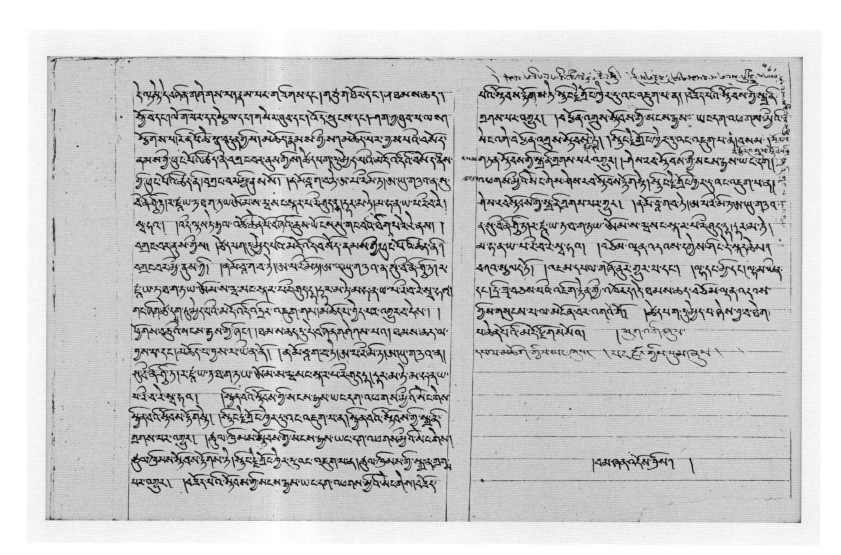

英 IOL.Tib.J.VOL.113 120.ཚེ་དཔག་དུ་མྱེད་པ་ཞེས་བྱ་བ་ཐེག་པ་ཆེན་པའི་མདོག 121.བྱིས་ཞུས་བྱང་།

120.大乘無量壽宗要經   121.抄寫校對題記   (204-191)

英 IOL.Tib.J.VOL.113 122.ཚེ་དཔག་དུ་མྱེད་པ་ཞེས་བྱ་བའ་ཐེག་པ་ཆེན་པའི་མདོ།

122.大乘無量壽宗要經   (204-192)

英 IOL.Tib.J.VOL.113　　122.ཆོས་དཔག་དུ་མྱེད་པ་ཞེས་བྱ་བའ་ཐེག་པ་ཆེན་པོའི་མདོ།

122.大乘無量壽宗要經　　（204–193）

英 IOL.Tib.J.VOL.113　　122.ཆོས་དཔག་དུ་མྱེད་པ་ཞེས་བྱ་བའ་ཐེག་པ་ཆེན་པོའི་མདོ།

122.大乘無量壽宗要經　　（204–194）

英 IOL.Tib.J.VOL.113　122.ཚེ་དཔག་ཏུ་མྱེད་པ་ཞེས་བྱ་བའ་ཐེག་པ་ཆེན་པོའི་མདོ།　　123.བྲིས་ཞུས་བྱང་།

122.大乘無量壽宗要經　　123.抄寫校對題記　　(204–195)

英 IOL.Tib.J.VOL.113　124.ཚེ་དཔག་ཏུ་མྱེད་པ་ཞེས་བྱ་བ་ཐེག་པ་ཆེན་པོ་འི་མདོ།

124.大乘無量壽宗要經　　(204–196)

英 IOL.Tib.J.VOL.113　　124.ཚེ་དཔག་དུ་མྱེད་པ་ཞེས་བྱ་བ་ཐེག་པ་ཆེན་པོ་འི་མདོ།
124.大乘無量壽宗要經　　　(204–197)

英 IOL.Tib.J.VOL.113　　124.ཚེ་དཔག་དུ་མྱེད་པ་ཞེས་བྱ་བ་ཐེག་པ་ཆེན་པོ་འི་མདོ།
124.大乘無量壽宗要經　　　(204–198)

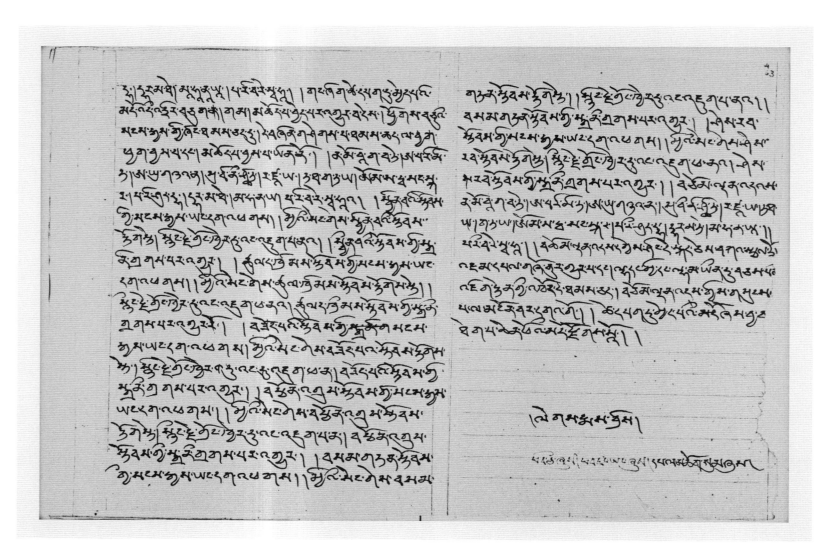

英 IOL.Tib.J.VOL.113　　124.ཚེ་དཔག་དུ་མྱེད་པ་ཞེས་བྱ་བ་ཐེག་པ་ཆེན་པོའི་མདོ།　　125.བྲིས་ཞུས་བྱང་།

124.大乘無量壽宗要經　　125.抄寫校對題記　　(204–199)

英 IOL.Tib.J.VOL.113　　126.ཚེ་དཔག་དུ་མྱེད་པ་ཞེས་བྱ་བ་ཐེག་པ་ཆེན་པོའི་མདོ།

126.大乘無量壽宗要經　　(204–200)

英 IOL.Tib.J.VOL.113　126.ཚེ་དཔག་དུ་མྱེད་པ་ཞེས་བྱ་བ་ཐེག་པ་ཆེན་པོའི་མདོ།
126.大乘無量壽宗要經　　　(204–201)

英 IOL.Tib.J.VOL.113　126.ཚེ་དཔག་དུ་མྱེད་པ་ཞེས་བྱ་བ་ཐེག་པ་ཆེན་པོའི་མདོ།
126.大乘無量壽宗要經　　　(204–202)

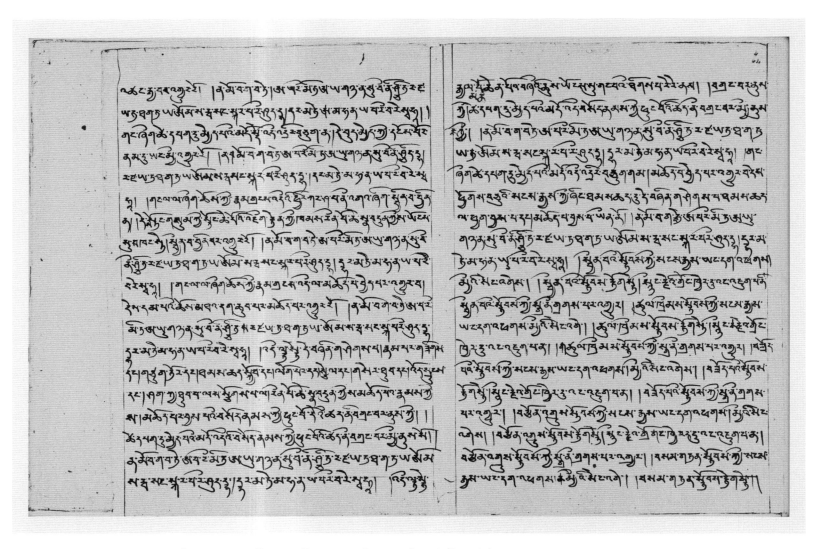

126.大乘無量壽宗要經　　　(204–203)

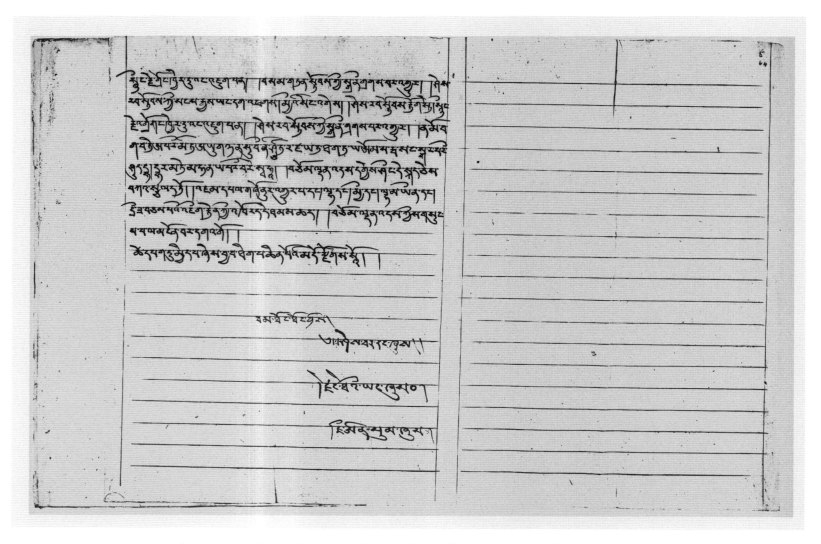

126.大乘無量壽宗要經　　　127.抄寫校對題記　　(204–204)

英 IOL.Tib.J.VOL.114　1.ཚེ་དཔག་དུ་མྱེད་པ་ཞེས་བྱ་བ་ཐེག་པ་ཆེན་པོའི་མདོ།
1.大乘無量壽宗要經　　　(254-1)

英 IOL.Tib.J.VOL.114　1.ཚེ་དཔག་དུ་མྱེད་པ་ཞེས་བྱ་བ་ཐེག་པ་ཆེན་པོའི་མདོ།
1.大乘無量壽宗要經　　　(254-2)

英 IOL.Tib.J.VOL.114　1.ཚེ་དཔག་དུ་མྱེད་པ་ཞེས་བྱ་བ་ཐེག་པ་ཆེན་པོའི་མདོ།　　　2.བྲིས་བྱང་།

1.大乘無量壽宗要經　　　2.抄寫題記　　　(254-3)

英 IOL.Tib.J.VOL.114　3.ཚེ་དཔག་དུ་མྱེད་པ་ཞེས་བྱ་བ་ཐེག་པ་ཆེན་པོའི་མདོ།

3.大乘無量壽宗要經　　　(254–5)

英 IOL.Tib.J.VOL.114　3.ཚེ་དཔག་དུ་མྱེད་པ་ཞེས་བྱ་བ་ཐེག་པ་ཆེན་པོའི་མདོ།

3.大乘無量壽宗要經　　　(254–6)

英 IOL.Tib.J.VOL.114　4.ཚེ་དཔག་དུ་མྱེད་པ་ཞེས་བྱ་བ་ཐེག་པ་ཆེན་པོའི་མདོ།
4.大乘無量壽宗要經　　(254-7)

英 IOL.Tib.J.VOL.114　4.ཚེ་དཔག་དུ་མྱེད་པ་ཞེས་བྱ་བ་ཐེག་པ་ཆེན་པོའི་མདོ།
4.大乘無量壽宗要經　　(254-8)

英 IOL.Tib.J.VOL.114　4.ཚེ་དཔག་དུ་མྱེད་པ་ཞེས་བྱ་བ་ཐེག་པ་ཆེན་པོའི་མདོ།　　5.བྲིས་བྱང་།

4.大乘無量壽宗要經　　　5.抄寫題記　　　(254-9)

英 IOL.Tib.J.VOL.114　6.ཚེ་དཔག་དུ་མྱེད་པ་ཞེས་བྱ་བ་ཐེག་པ་ཆེན་པོའི་མདོ།

6.大乘無量壽宗要經　　　(254-10)

英 IOL.Tib.J.VOL.114　6.ཚེ་དཔག་དུ་མྱེད་པ་ཞེས་བྱ་བ་ཐེག་པ་ཆེན་པོའི་མདོ།

6.大乘無量壽宗要經　　(254–11)

英 IOL.Tib.J.VOL.114　6.ཚེ་དཔག་དུ་མྱེད་པ་ཞེས་བྱ་བ་ཐེག་པ་ཆེན་པོའི་མདོ།　7.བྲིས་བྱང་།

6.大乘無量壽宗要經　　7.抄寫題記　　(254–12)

英 IOL.Tib.J.VOL.114　8.ཚེ་དཔག་དུ་མྱེད་པ་ཞེས་བྱ་བ་ཐེག་པ་ཆེན་པོའི་མདོ།
8.大乘無量壽宗要經　　　(254–13)

英 IOL.Tib.J.VOL.114　8.ཚེ་དཔག་དུ་མྱེད་པ་ཞེས་བྱ་བ་ཐེག་པ་ཆེན་པོའི་མདོ།
8.大乘無量壽宗要經　　　(254–14)

英 IOL.Tib.J.VOL.114　8.ཚེ་དཔག་དུ་མྱེད་པ་ཞེས་བྱ་བ་ཐེག་པ་ཆེན་པོའི་མདོ།　　9.བྲིས་བྱུང་།

8.大乘無量壽宗要經　　9.抄寫題記　(254–15)

英 IOL.Tib.J.VOL.114　10.ཚེ་དཔག་དུ་མྱེད་པ་ཞེས་བྱ་བ་ཐེག་པ་ཆེན་པོའི་མདོ།

10.大乘無量壽宗要經　(254–16)

英 IOL.Tib.J.VOL.114　　10.ཚེ་དཔག་དུ་མྱེད་པ་ཞེས་བྱ་བ་ཐེག་པ་ཆེན་པོའི་མདོ།

10.大乘無量壽宗要經　　　(254–17)

英 IOL.Tib.J.VOL.114　　10.ཚེ་དཔག་དུ་མྱེད་པ་ཞེས་བྱ་བ་ཐེག་པ་ཆེན་པོའི་མདོ།　　11.བྲིས་བྱང་།

10.大乘無量壽宗要經　　　11.抄寫題記　　(254–18)

英 IOL.Tib.J.VOL.114　　12.ཚེ་དཔག་དུ་མྱེད་པ་ཞེས་བྱ་བ་ཐེག་པ་ཆེན་པོའི་མདོ།
12.大乘無量壽宗要經　　　(254—19)

英 IOL.Tib.J.VOL.114　　12.ཚེ་དཔག་དུ་མྱེད་པ་ཞེས་བྱ་བ་ཐེག་པ་ཆེན་པོའི་མདོ།
12.大乘無量壽宗要經　　　(254—20)

英 IOL.Tib.J.VOL.114　　12.ཚེ་དཔག་དུ་མྱེད་པ་ཞེས་བྱ་བ་ཐེག་པ་ཆེན་པོའི་མདོ།　　13.བྲིས་བྱང་།

12.大乘無量壽宗要經　　　13.抄寫題記　　(254–21)

英 IOL.Tib.J.VOL.114　　14.ཚེ་དཔག་དུ་མྱེད་པ་ཞེས་བྱ་བ་ཐེག་པ་ཆེན་པོའི་མདོ།

14.大乘無量壽宗要經　　　(254–22)

英 IOL.Tib.J.VOL.114　　14.ཚེ་དཔག་དུ་མྱེད་པ་ཞེས་བྱ་བ་ཐེག་པ་ཆེན་པོའི་མདོ།

14.大乘無量壽宗要經　　　　(254-23)

英 IOL.Tib.J.VOL.114　　14.ཚེ་དཔག་དུ་མྱེད་པ་ཞེས་བྱ་བ་ཐེག་པ་ཆེན་པོའི་མདོ།　　　15.བྲིས་བྱང་།

14.大乘無量壽宗要經　　　15.抄寫題記　　(254-24)

英 IOL.Tib.J.VOL.114　16.ཚེ་དཔག་དུ་མྱེད་པ་ཞེས་བྱ་བ་ཐེག་པ་ཆེན་པོ་འི་མདོ།
16.大乘無量壽宗要經　　(254–25)

英 IOL.Tib.J.VOL.114　16.ཚེ་དཔག་དུ་མྱེད་པ་ཞེས་བྱ་བ་ཐེག་པ་ཆེན་པོ་འི་མདོ།
16.大乘無量壽宗要經　　(254–26)

英 IOL.Tib.J.VOL.114　16.ཚེ་དཔག་དུ་མྱེད་པ་ཞེས་བྱ་བ་ཐེག་པ་ཆེན་པོ་འི་མདོ།　　17.བྲིས་བྱང་།

16.大乘無量壽宗要經　　17.抄寫題記　　(254–27)

英 IOL.Tib.J.VOL.114　18.ཚེ་དཔག་དུ་མྱེད་པ་ཞེས་བྱ་བ་ཐེག་པ་ཆེན་པོ་འི་མདོ།

18.大乘無量壽宗要經　　(254–28)

英 IOL.Tib.J.VOL.114　19.ཚེ་དཔག་དུ་མྱེད་པ་ཞེས་བྱ་བ་ཐེག་པ་ཆེན་པོ་འི་མདོ།
　　　19.大乘無量壽宗要經　　　(254–31)

英 IOL.Tib.J.VOL.114　19.ཚེ་དཔག་དུ་མྱེད་པ་ཞེས་བྱ་བ་ཐེག་པ་ཆེན་པོ་འི་མདོ།
　　　19.大乘無量壽宗要經　　　(254–32)

英 IOL.Tib.J.VOL.114　19.ཚེ་དཔག་དུ་མྱེད་པ་ཞེས་བྱ་བ་ཐེག་པ་ཆེན་པོ་འི་མདོ།

19.大乘無量壽宗要經　　　(254–33)

英 IOL.Tib.J.VOL.114　20.ཚེ་དཔག་དུ་མྱེད་པ་ཞེས་བྱ་བ་ཐེག་པ་ཆེན་པོ་འི་མདོ།

20.大乘無量壽宗要經　　　(254–34)

英 IOL.Tib.J.VOL.114　21.ཚེ་དཔག་དུ་མྱེད་པ་ཞེས་བྱ་བ་ཐེག་པ་ཆེན་པོ་མདོ།
21.大乘無量壽宗要經　　(254–37)

英 IOL.Tib.J.VOL.114　21.ཚེ་དཔག་དུ་མྱེད་པ་ཞེས་བྱ་བ་ཐེག་པ་ཆེན་པོ་མདོ།
21.大乘無量壽宗要經　　(254–38)

英 IOL.Tib.J.VOL.114　21.ཚེ་དཔག་ཏུ་མྱེད་པ་ཞེས་བྱ་བ་ཐེག་པ་ཆེན་པོ་མདོ།
21.大乘無量壽宗要經　　　(254–39)

英 IOL.Tib.J.VOL.114　22.ཚེ་དཔག་ཏུ་མྱེད་པ་ཞེས་བྱ་བ་ཐེག་པ་ཆེན་པོའི་མདོ།
22.大乘無量壽宗要經　　　(254–40)

英 IOL.Tib.J.VOL.114　22.ཚེ་དཔག་དུ་མྱེད་པ་ཞེས་བྱ་བ་ཐེག་པ་ཆེན་པོའི་མདོ།
22.大乘無量壽宗要經　　(254-41)

英 IOL.Tib.J.VOL.114　22.ཚེ་དཔག་དུ་མྱེད་པ་ཞེས་བྱ་བ་ཐེག་པ་ཆེན་པོའི་མདོ།
22.大乘無量壽宗要經　　(254-42)

英 IOL.Tib.J.VOL.114　23.ཚེ་དཔག་དུ་མྱེད་པའི་ཞེས་བྱ་བ་ཐེག་པ་ཆེན་པོའི་མདོ།
23.大乘無量壽宗要經　　（254–43）

英 IOL.Tib.J.VOL.114　23.ཚེ་དཔག་དུ་མྱེད་པའི་ཞེས་བྱ་བ་ཐེག་པ་ཆེན་པོའི་མདོ།
23.大乘無量壽宗要經　　（254–44）

英 IOL.Tib.J.VOL.114　23.ཚེ་དཔག་དུ་མྱེད་པའི་ཞེས་བྱ་བ་ཐེག་པ་ཆེན་པོའི་མདོ།　24.བྲིས་བྱང་།

23.大乘無量壽宗要經　　24.抄寫題記　　　(254–45)

英 IOL.Tib.J.VOL.114　25.ཚེ་དཔག་དུ་མྱེད་པ་ཞེས་བྱ་བ་ཐེག་པ་ཆེན་པོའི་མདོ།

25.大乘無量壽宗要經　　　(254–46)

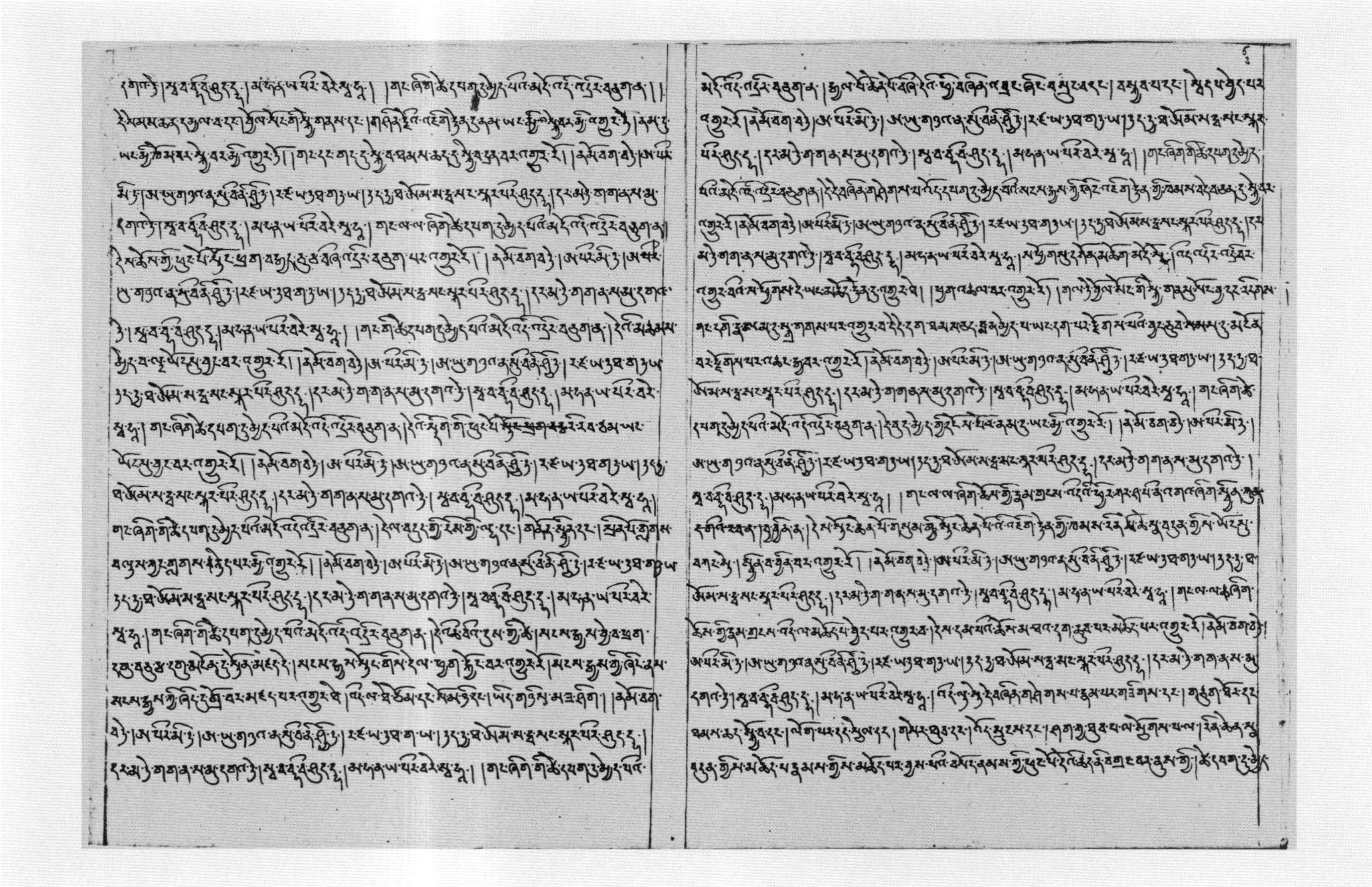

英 IOL.Tib.J.VOL.114 25.ཚེ་དཔག་དུ་མེད་པ་ཞེས་བྱ་བ་ཐེག་པ་ཆེན་པོའི་མདོ།
25.大乘無量壽宗要經 (254–47)

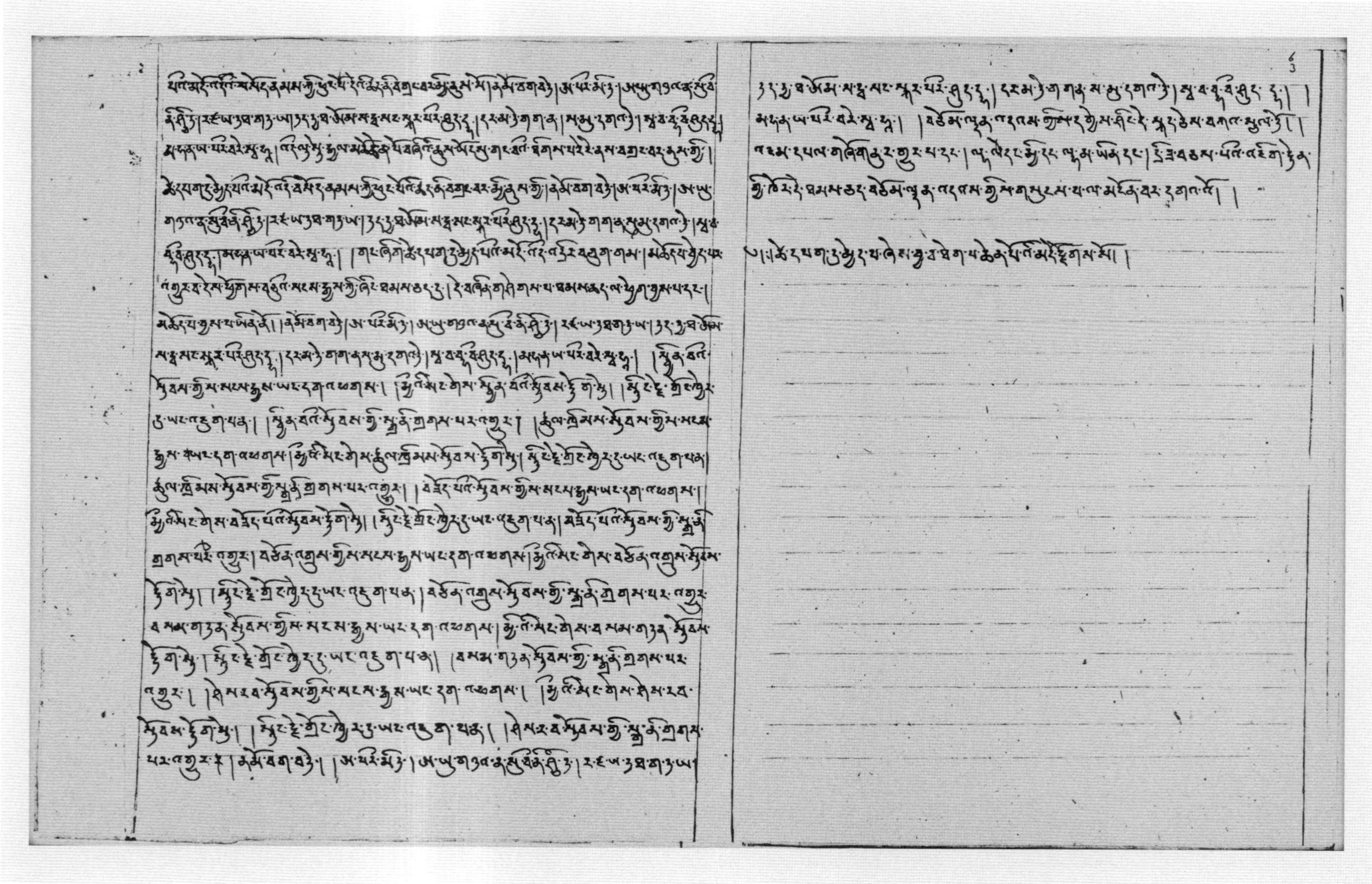

英 IOL.Tib.J.VOL.114 25.ཚེ་དཔག་དུ་མེད་པ་ཞེས་བྱ་བ་ཐེག་པ་ཆེན་པོའི་མདོ།
25.大乘無量壽宗要經 (254–48)

英 IOL.Tib.J.VOL.114　26.ཚེ་དཔག་ཏུ་མྱེད་པ་ཞེས་བྱ་བ་ཐེག་པ་ཆེན་པོའི་མདོ།
26.大乘無量壽宗要經　　(254–49)

英 IOL.Tib.J.VOL.114　26.ཚེ་དཔག་ཏུ་མྱེད་པ་ཞེས་བྱ་བ་ཐེག་པ་ཆེན་པོའི་མདོ།
26.大乘無量壽宗要經　　(254–50)

英 IOL.Tib.J.VOL.114　26.ཚེ་དཔག་དུ་མྱེད་པ་ཞེས་བྱ་བ་ཐེག་པ་ཆེན་པོའི་མདོ།　27.བྲིས་བྱང་།
26.大乘無量壽宗要經　　27.抄寫題記　　(254-51)

英 IOL.Tib.J.VOL.114　28.ཚེ་དཔག་དུ་མྱེད་པ་ཞེས་བྱ་བ་ཐེག་པ་ཆེན་པོའི་མདོ།
28.大乘無量壽宗要經　　(254-52)

英 IOL.Tib.J.VOL.114　28.ཚེ་དཔག་དུ་མྱེད་པ་ཞེས་བྱ་བ་ཐེག་པ་ཆེན་པོའི་མདོ།
28.大乘無量壽宗要經　　(254–53)

英 IOL.Tib.J.VOL.114　28.ཚེ་དཔག་དུ་མྱེད་པ་ཞེས་བྱ་བ་ཐེག་པ་ཆེན་པོའི་མདོ།　29.བྲིས་བྱང་།
28.大乘無量壽宗要經　　29.抄寫題記　(254–54)

英 IOL.Tib.J.VOL.114　30.ཚེ་དཔག་དུ་མྱེད་པ་ཞེས་བྱ་བ་ཐེག་པ་ཆེན་པོའི་མདོ།

30.大乘無量壽宗要經　　(254–55)

英 IOL.Tib.J.VOL.114　30.ཚེ་དཔག་དུ་མྱེད་པ་ཞེས་བྱ་བ་ཐེག་པ་ཆེན་པོའི་མདོ།

30.大乘無量壽宗要經　　(254–56)

英 IOL.Tib.J.VOL.114　30.ཚེ་དཔག་དུ་མྱེད་པ་ཞེས་བྱ་བ་ཐེག་པ་ཆེན་པོའི་མདོ།　31.བྲིས་བྱང་།

30.大乘無量壽宗要經　　31.抄寫題記　　(254–57)

英 IOL.Tib.J.VOL.114　32.ཚེ་དཔག་དུ་མྱེད་པ་ཞེས་བྱ་བ་ཐེག་པ་ཆེན་པོ་མདོ།

32.大乘無量壽宗要經　　(254–58)

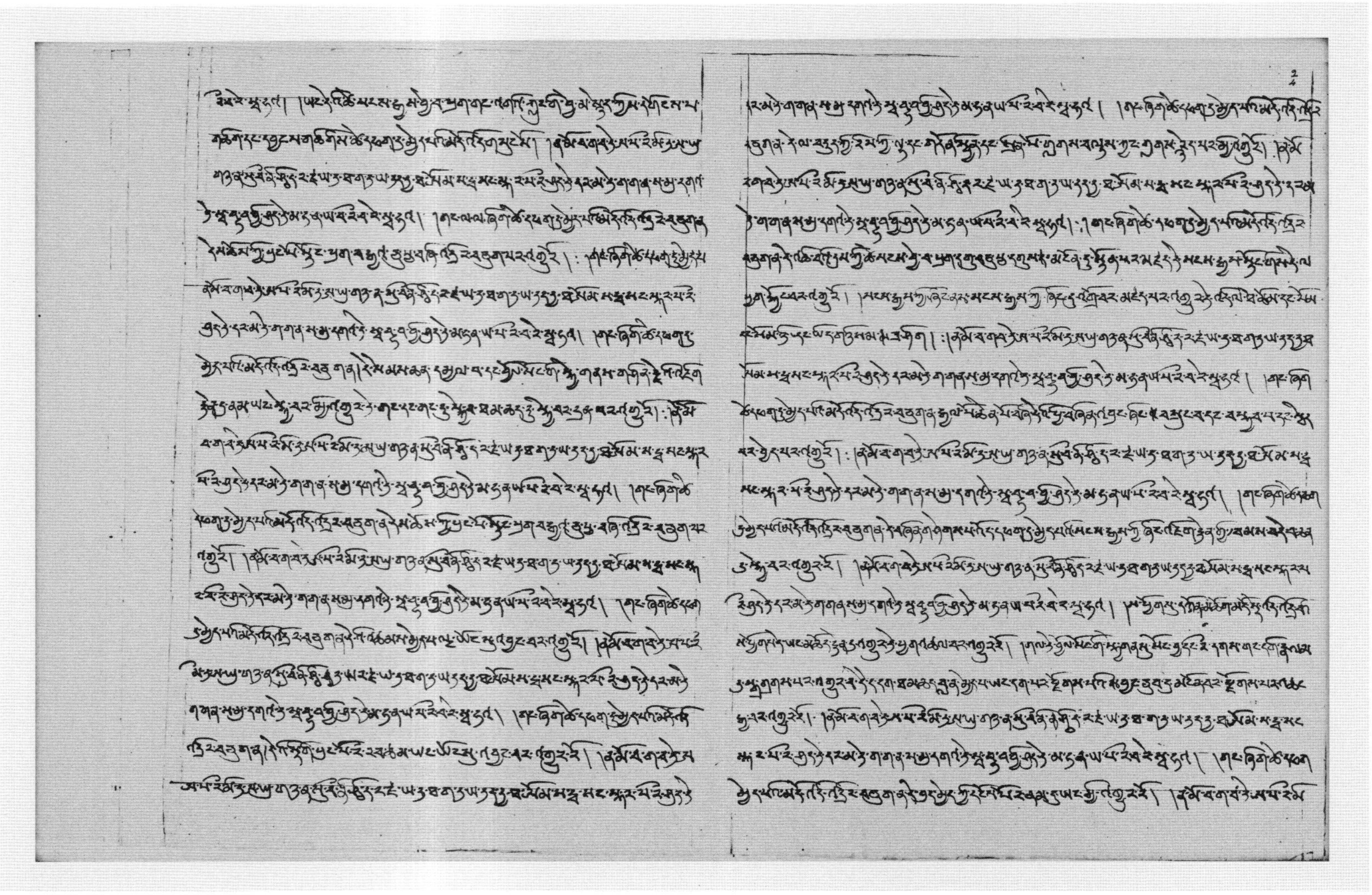

英 IOL.Tib.J.VOL.114 32.ཚེ་དཔག་ཏུ་མྱེད་པ་ཞེས་བྱ་བ་ཐེག་པ་ཆེན་པོ་མདོ།
32.大乘無量壽宗要經 (254–59)

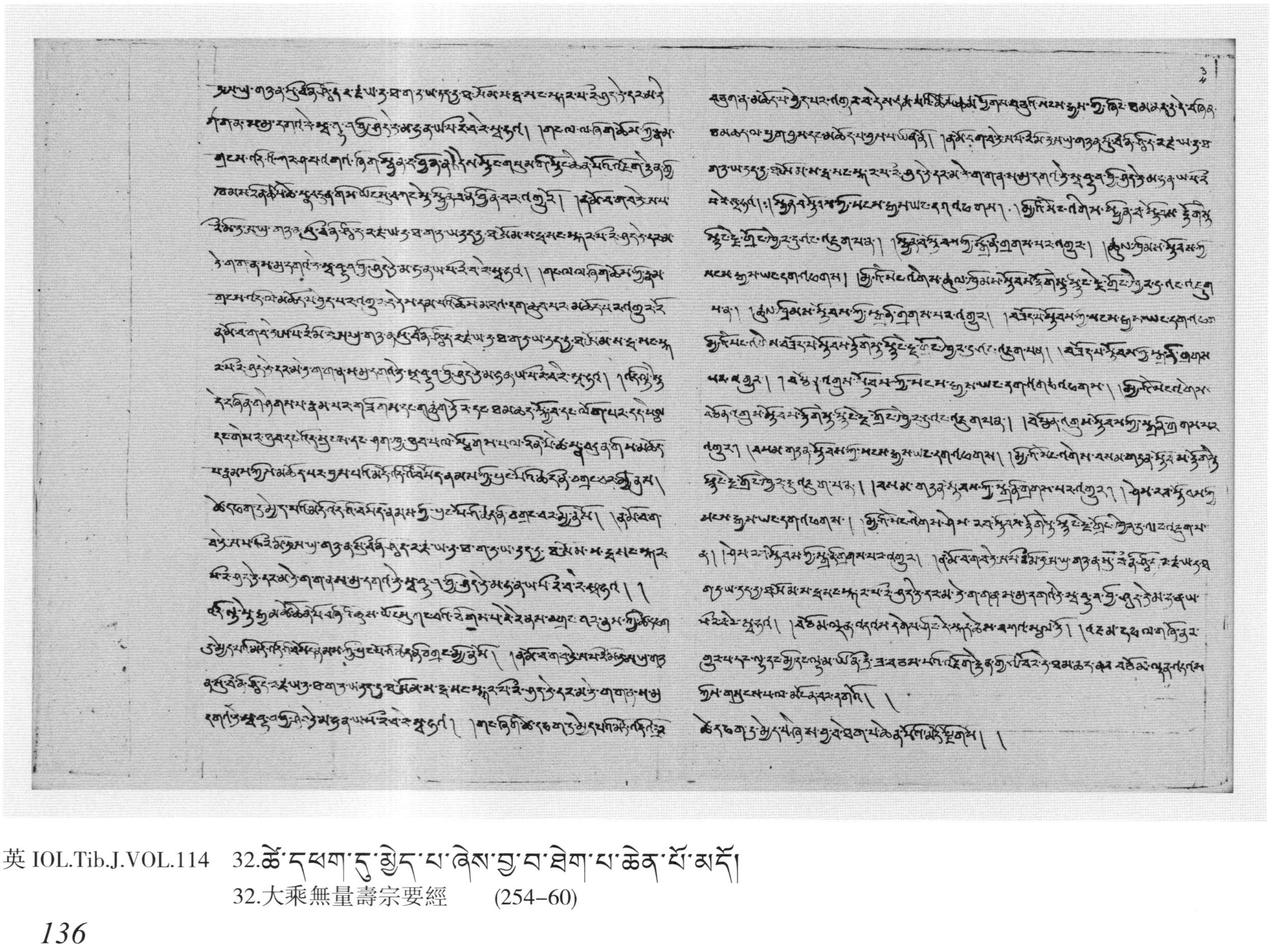

英 IOL.Tib.J.VOL.114 32.ཚེ་དཔག་ཏུ་མྱེད་པ་ཞེས་བྱ་བ་ཐེག་པ་ཆེན་པོ་མདོ།
32.大乘無量壽宗要經 (254–60)

英 IOL.Tib.J.VOL.114　33.ཚེ་དཔག་དུ་མྱེད་པ་ཞེས་བྱ་བ་ཐེག་པ་ཆེན་པོའི་མདོ།
33.大乘無量壽宗要經　　　(254-61)

英 IOL.Tib.J.VOL.114　33.ཚེ་དཔག་དུ་མྱེད་པ་ཞེས་བྱ་བ་ཐེག་པ་ཆེན་པོའི་མདོ།
33.大乘無量壽宗要經　　　(254-62)

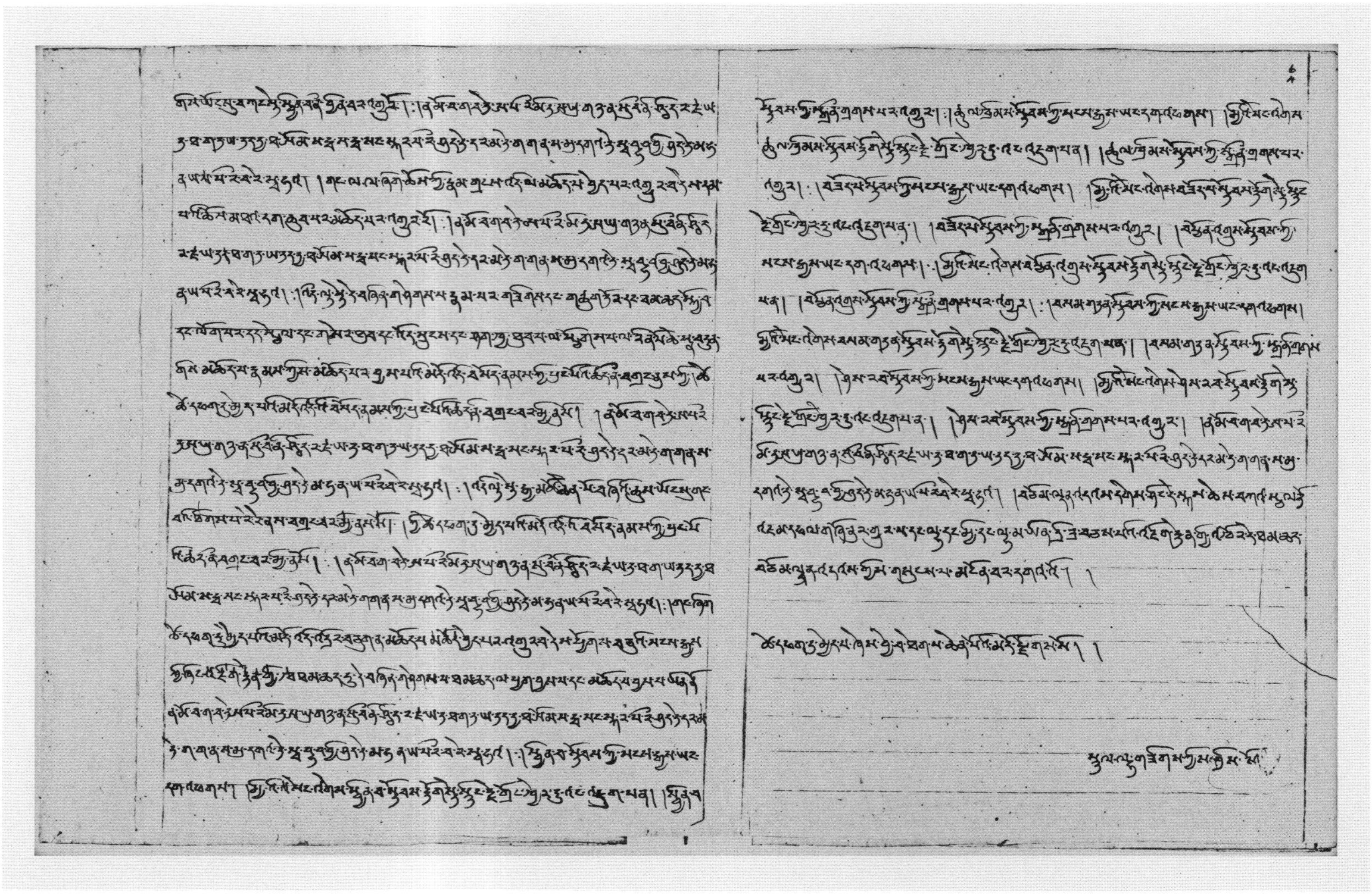

英 IOL.Tib.J.VOL.114 33.ཚེ་དཔག་དུ་མེད་པ་ཞེས་བྱ་བ་ཐེག་པ་ཆེན་པོའི་མདོ། 34.བྲིས་བྱང་།
33.大乘無量壽宗要經 34.抄寫題記 (254–63)

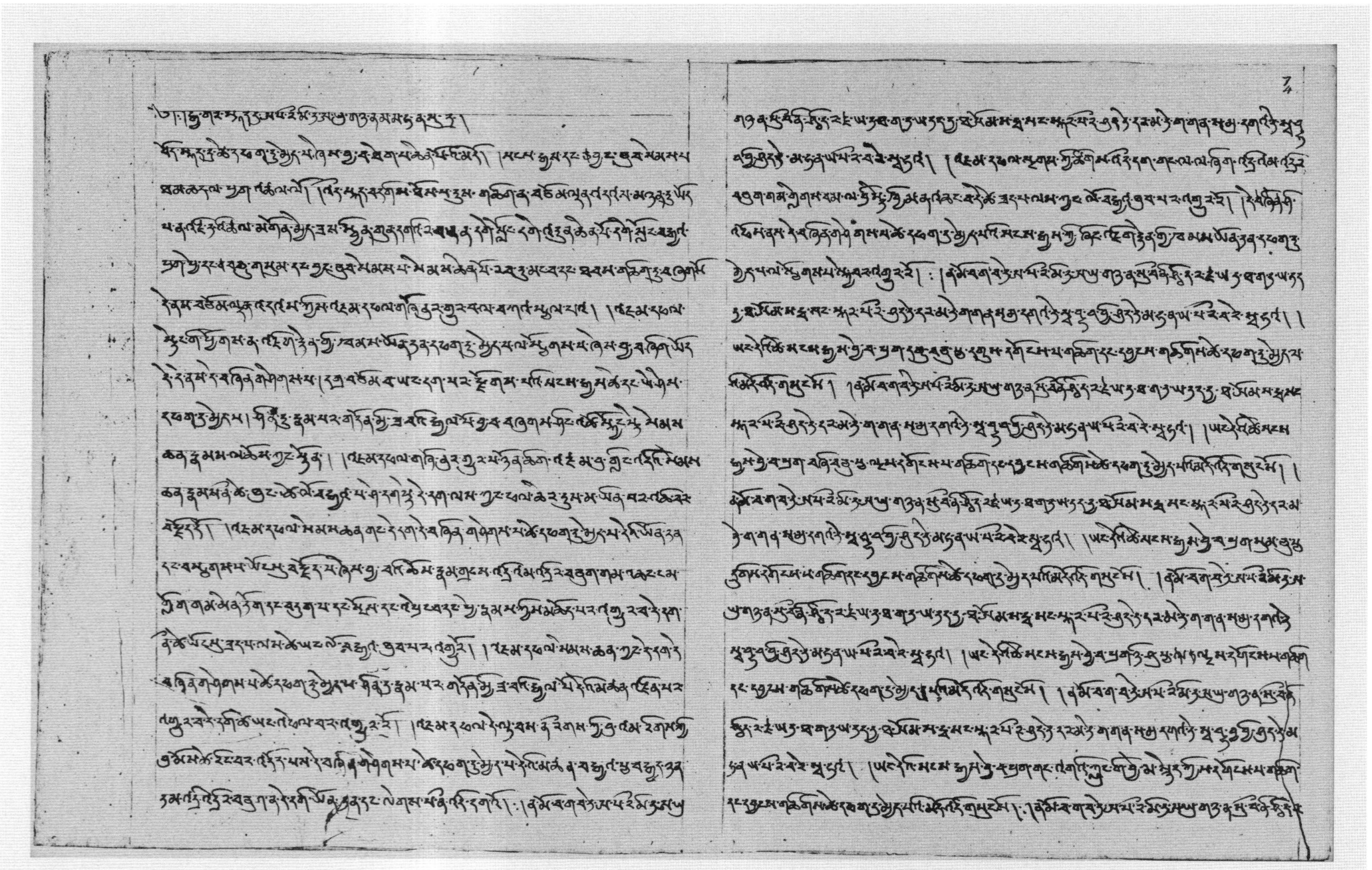

英 IOL.Tib.J.VOL.114 35.ཚེ་དཔག་དུ་མེད་པ་ཞེས་བྱ་བ་ཐེག་པ་ཆེན་པོ་འི་མདོ།
35.大乘無量壽宗要經 (254–64)

英 IOL.Tib.J.VOL.114　35.ཚེ་དཔག་དུ་མྱེད་པ་ཞེས་བྱ་བ་ཐེག་པ་ཆེན་པོ་འི་མདོ།

35.大乘無量壽宗要經　　　(254–65)

英 IOL.Tib.J.VOL.114　35.ཚེ་དཔག་དུ་མྱེད་པ་ཞེས་བྱ་བ་ཐེག་པ་ཆེན་པོ་འི་མདོ།　36.བྲིས་བྱད།

35.大乘無量壽宗要經　　36.抄寫題記　　(254–66)

英 IOL.Tib.J.VOL.114　37.ཚེ་དཔག་དུ་མྱེད་པ་ཞེས་བྱེ་བ་ཐེག་པ་ཆེན་པོའི་མདོ།
37.大乘無量壽宗要經　　(254–67)

英 IOL.Tib.J.VOL.114　37.ཚེ་དཔག་དུ་མྱེད་པ་ཞེས་བྱེ་བ་ཐེག་པ་ཆེན་པོའི་མདོ།
37.大乘無量壽宗要經　　(254–68)

英 IOL.Tib.J.VOL.114　37.ཚེ་དཔག་ཏུ་མྱེད་པ་ཞེས་བྱེ་བ་ཐེག་པ་ཆེན་པོའི་མདོ།
37.大乘無量壽宗要經　　(254-69)

英 IOL.Tib.J.VOL.114　38.ཚེ་དཔག་ཏུ་མྱེད་པ་ཞེས་བྱ་བ་ཐེག་པ་ཆེན་པོའི་མདོ།
38.大乘無量壽宗要經　　(254-70)

英 IOL.Tib.J.VOL.114　　38.ཚེ་དཔག་དུ་མྱེད་པ་ཞེས་བྱ་བ་ཐེག་པ་ཆེན་པོ་འི་མདོ།
　　　　　　　　　　　　38.大乘無量壽宗要經　　　(254–71)

英 IOL.Tib.J.VOL.114　　38.ཚེ་དཔག་དུ་མྱེད་པ་ཞེས་བྱ་བ་ཐེག་པ་ཆེན་པོ་འི་མདོ།　　　39.བྲིས་བྱང་།
　　　　　　　　　　　　38.大乘無量壽宗要經　　39.抄寫題記　　(254–72)

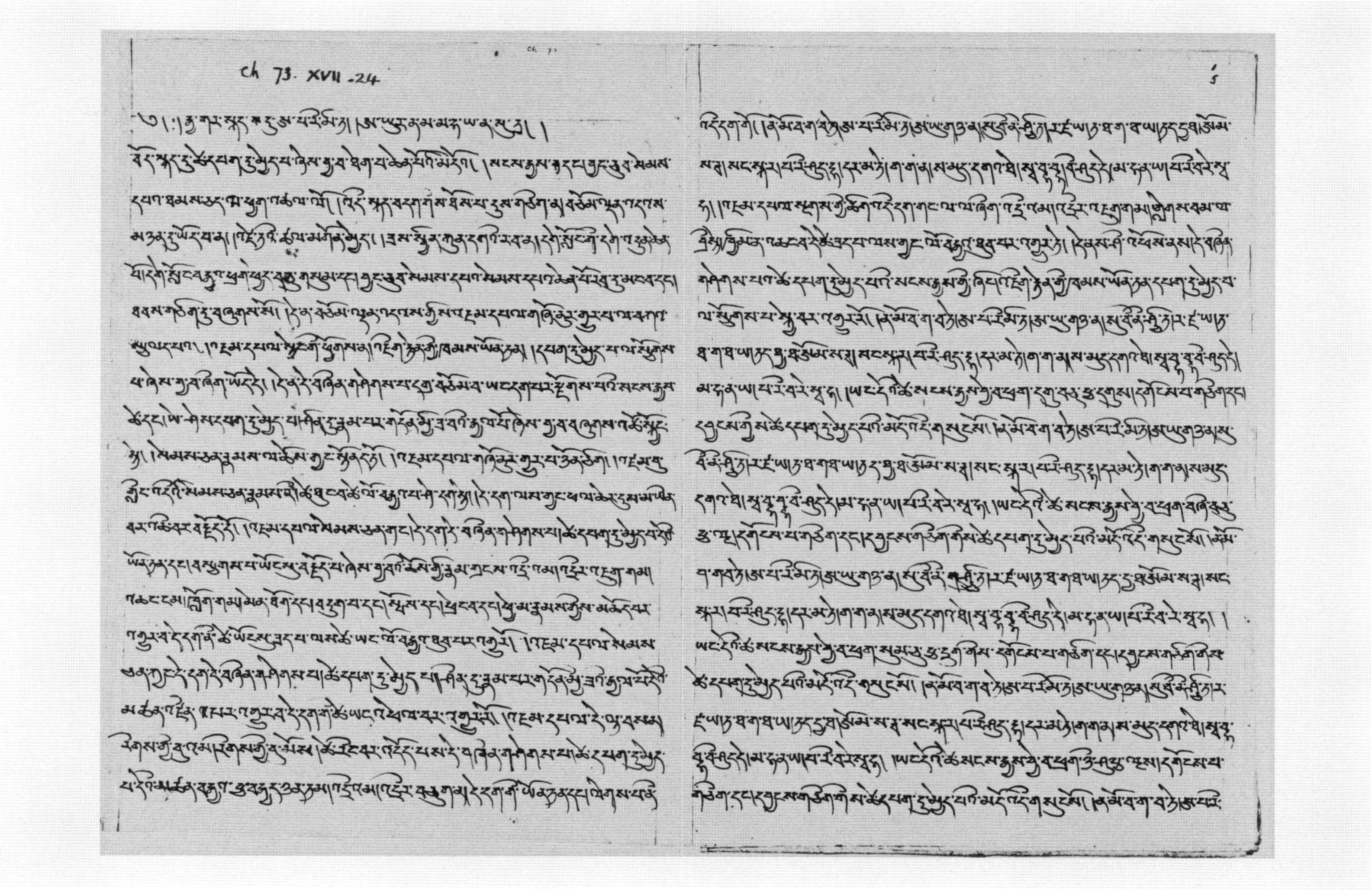

ༀ༔ཀུན་ཀྱང་རྟུག་པ་རྫི་མཚོ་བ་ཀྱི༔ཁ་རབ་ཀྱང་བསན་ལ་སྟ་རྒྱ༔

[Tibetan manuscript text — IOL.Tib.J.VOL.114, two pages reproduced]

英 IOL.Tib.J.VOL.114   40.ཚེ་དཔག་དུ་མྱེད་པ་ཞེས་བྱ་བ་ཐེག་པ་ཆེན་པོའི་མདོའོ།

40.大乘無量壽宗要經   (254–73)

英 IOL.Tib.J.VOL.114   40.ཚེ་དཔག་དུ་མྱེད་པ་ཞེས་བྱ་བ་ཐེག་པ་ཆེན་པོའི་མདོའོ།

40.大乘無量壽宗要經   (254–74)

英 IOL.Tib.J.VOL.114　40.ཚེ་དཔག་དུ་མྱེད་པ་ཞེས་བྱ་བ་ཐེག་པ་ཆེན་པོའི་མདོ་འོ།　41.བྲིས་བྱང་།

40.大乘無量壽宗要經　　41.抄寫題記　　(254–75)

英 IOL.Tib.J.VOL.114　42.ཚེ་དཔག་དུ་མྱེད་པ་ཞེས་བྱ་བ་ཐེག་པ་ཆེན་པོའི་མདོ་འོ།

42.大乘無量壽宗要經　　(254–76)

英 IOL.Tib.J.VOL.114　42.ཚེ་དཔག་དུ་མྱེད་པ་ཞེས་བྱ་བ་ཐེག་པ་ཆེན་པོའི་མདོ།

42.大乘無量壽宗要經　　(254-77)

英 IOL.Tib.J.VOL.114　42.ཚེ་དཔག་དུ་མྱེད་པ་ཞེས་བྱ་བ་ཐེག་པ་ཆེན་པོའི་མདོ།　　43.བྱིས་བྱང་།

42.大乘無量壽宗要經　　43.抄寫題記　　(254-78)

英 IOL.Tib.J.VOL.114　44.ཚེ་དཔག་ཏུ་མྱེད་པ་ཞེས་བྱ་བ་ཐེག་པ་ཆེན་པོའི་མདོ།
44.大乘無量壽宗要經　　(254–79)

英 IOL.Tib.J.VOL.114　44.ཚེ་དཔག་ཏུ་མྱེད་པ་ཞེས་བྱ་བ་ཐེག་པ་ཆེན་པོའི་མདོ།
44.大乘無量壽宗要經　　(254–80)

英 IOL.Tib.J.VOL.114　44.ཚེ་དཔག་ཏུ་མྱེད་པ་ཞེས་བྱ་བ་ཐེག་པ་ཆེན་པོའི་མདོ།　　45.བྱིས་བྱང་།

44.大乘無量壽宗要經　　　45.抄寫題記　　　(254–81)

英 IOL.Tib.J.VOL.114　46.ཚེ་དཔག་ཏུ་མྱེད་པ་ཞེས་བྱ་བ་ཐེག་པ་ཆེན་པོའི་མདོ།

46.大乘無量壽宗要經　　　(254–82)

英 IOL.Tib.J.VOL.114　46.ཚེ་དཔག་ཏུ་མྱེད་པ་ཞེས་བྱ་བ་ཐེག་པ་ཆེན་པོའི་མདོ།
　　　　　　46.大乘無量壽宗要經　　　(254-83)

英 IOL.Tib.J.VOL.114　46.ཚེ་དཔག་ཏུ་མྱེད་པ་ཞེས་བྱ་བ་ཐེག་པ་ཆེན་པོའི་མདོ།　47.བྲིས་བྱང་།
　　　　　　46.大乘無量壽宗要經　　47.抄寫題記　　(254-84)

148

英 IOL.Tib.J.VOL.114　48.ཚེ་དཔག་དུ་མྱེད་པ་ཞེས་བྱ་བ་ཐེག་པ་ཆེན་པོའི་མདོ།

48.大乘無量壽宗要經　　(254–85)

英 IOL.Tib.J.VOL.114　48.ཚེ་དཔག་དུ་མྱེད་པ་ཞེས་བྱ་བ་ཐེག་པ་ཆེན་པོའི་མདོ།

48.大乘無量壽宗要經　　(254–86)

英 IOL.Tib.J.VOL.114　48.ཚེ་དཔག་དུ་མྱེད་པ་ཞེས་བྱ་བ་ཐེག་པ་ཆེན་པོའི་མདོ།　49.བྲིས་བྱང་།
48.大乘無量壽宗要經　49.抄寫題記　(254–87)

英 IOL.Tib.J.VOL.114　50.ཚེ་དཔག་དུ་མྱེད་པ་ཞེས་བྱ་བ་ཐེག་པ་ཆེན་པོའི་མདོ།
50.大乘無量壽宗要經　(254–88)

英 IOL.Tib.J.VOL.114 50.ཚེ་དཔག་དུ་མྱེད་པ་ཞེས་བྱ་བ་ཐེག་པ་ཆེན་པོའི་མདོ།
50.大乘無量壽宗要經 　　　(254–89)

英 IOL.Tib.J.VOL.114 50.ཚེ་དཔག་དུ་མྱེད་པ་ཞེས་བྱ་བ་ཐེག་པ་ཆེན་པོའི་མདོ། 51.བྲིས་བྱང་།
50.大乘無量壽宗要經 　　51.抄寫題記 　　(254–90)

英 IOL.Tib.J.VOL.114　52.ཚེ་དཔག་དུ་མྱེད་པ་ཞེས་བྱ་བ་ཐེག་པ་ཆེན་པོའི་མདོ།

52.大乘無量壽宗要經　　　(254–91)

英 IOL.Tib.J.VOL.114　52.ཚེ་དཔག་དུ་མྱེད་པ་ཞེས་བྱ་བ་ཐེག་པ་ཆེན་པོའི་མདོ།

52.大乘無量壽宗要經　　　(254–92)

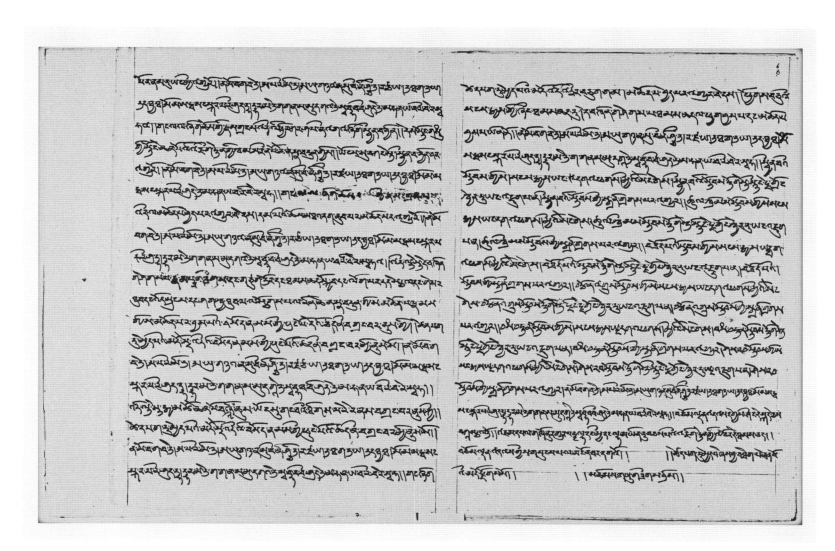

英 IOL.Tib.J.VOL.114　52.ཚེ་དཔག་དུ་མྱེད་པ་ཞེས་བྱ་བ་ཐེག་པ་ཆེན་པོའི་མདོའོ༎　53.བྲིས་བྱང་།

52.大乘無量壽宗要經　　53.抄寫題記　　(254-93)

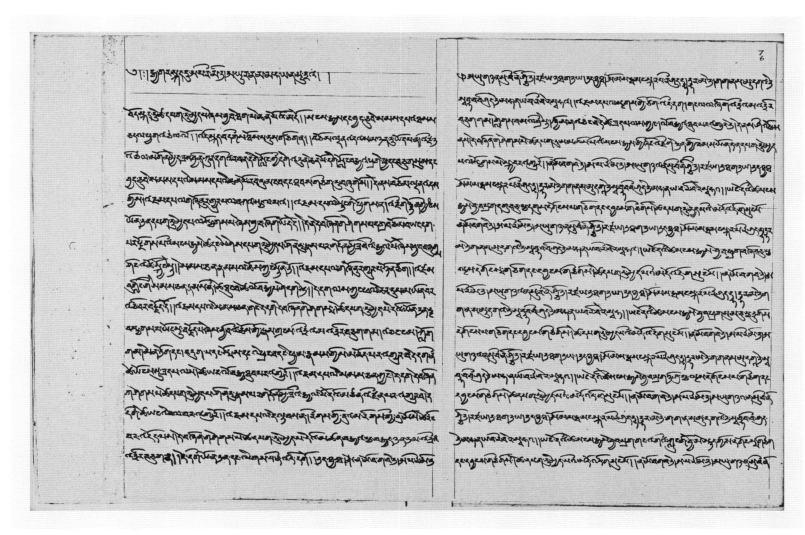

英 IOL.Tib.J.VOL.114　54.ཚེ་དཔག་དུ་མྱེད་པ་ཞེས་བྱ་བ་ཐེག་པ་ཆེན་པོའི་མདོ་

54.大乘無量壽宗要經　　(254-94)

英 IOL.Tib.J.VOL.114　54.ཚེ་དཔག་དུ་མྱེད་པ་ཞེས་བྱ་བ་ཐེག་པ་ཆེན་པོའི་མདོ།
54.大乘無量壽宗要經　　　(254–95)

英 IOL.Tib.J.VOL.114　54.ཚེ་དཔག་དུ་མྱེད་པ་ཞེས་བྱ་བ་ཐེག་པ་ཆེན་པོའི་མདོ།　　55.བྲིས་བྱང་།
54.大乘無量壽宗要經　　55.抄寫題記　(254–96)

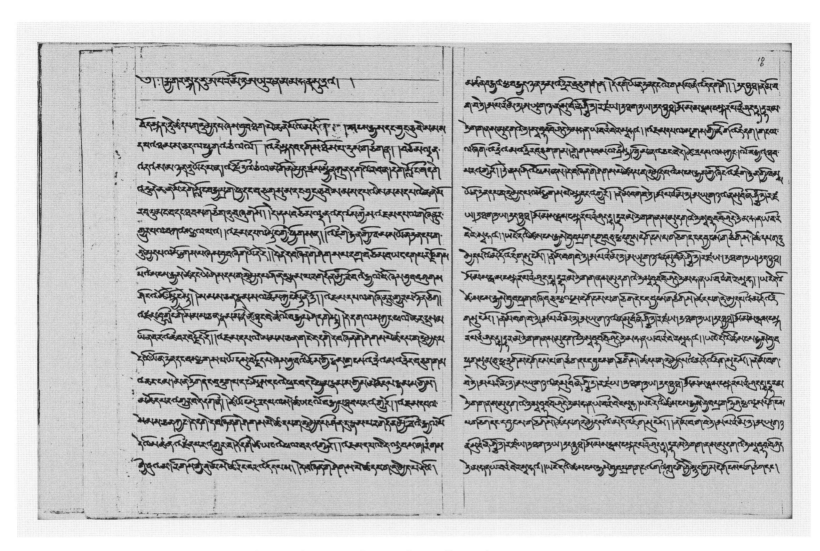

英 IOL.Tib.J.VOL.114　56.ཚེ་དཔག་དུ་བྱྱྀད་པ་ཞེས་བྱ་བ་ཐེག་པ་ཆེན་པོའི་མདོ།
56.大乘無量壽宗要經　　　(254-97)

英 IOL.Tib.J.VOL.114　56.ཚེ་དཔག་དུ་བྱྱྀད་པ་ཞེས་བྱ་བ་ཐེག་པ་ཆེན་པོའི་མདོ།
56.大乘無量壽宗要經　　　(254-98)

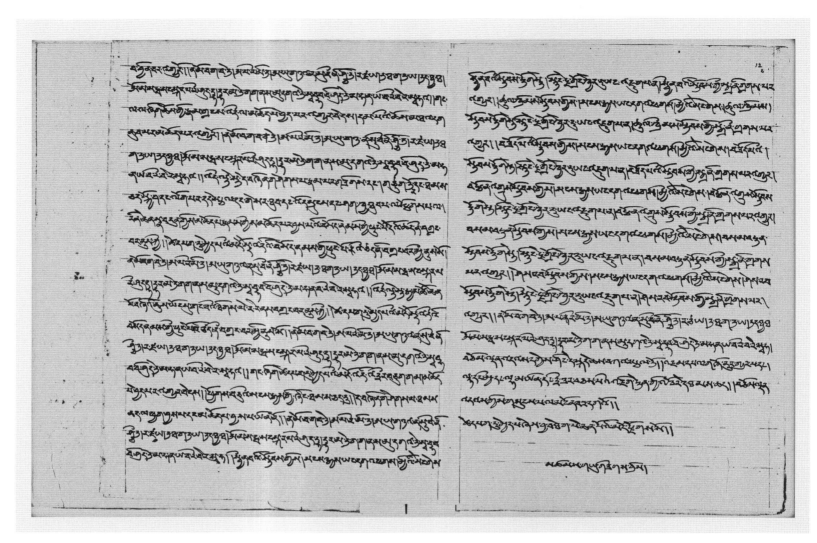

英 IOL.Tib.J.VOL.114　56.ཚེ་དཔག་དུ་མྱེད་པ་ཞེས་བྱ་བ་ཐེག་པ་ཆེན་པོའི་མདོ།　57..བྲིས་བྱང་།

56.大乘無量壽宗要經　　　57.抄寫題記　　　(254–99)

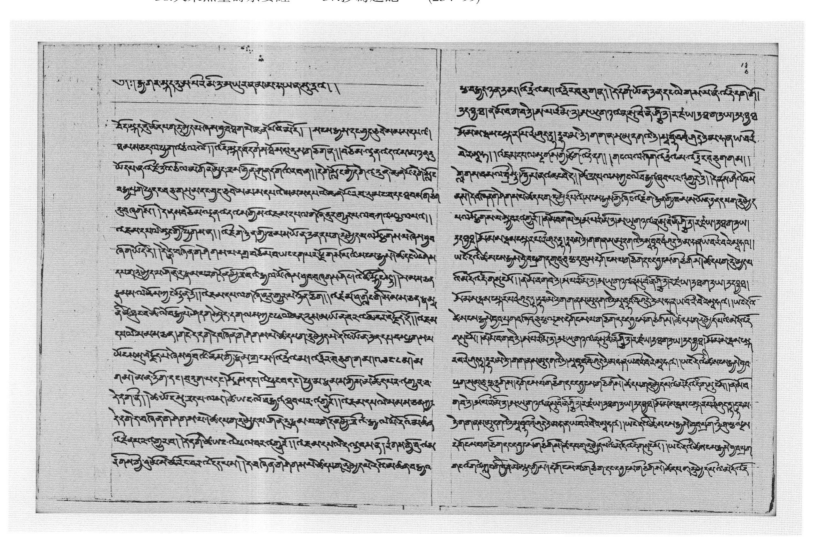

英 IOL.Tib.J.VOL.114　58.ཚེ་དཔག་དུ་མྱེད་པ་ཞེས་བྱ་བ་ཐེག་པ་ཆེན་པོའི་མདོ།

58.大乘無量壽宗要經　　　(254–100)

英 IOL.Tib.J.VOL.114　58.ཚེ་དཔག་ཏུ་མྱེད་པ་ཞེས་བྱ་བ་ཐེག་པ་ཆེན་པོའི་མདོ
58.大乘無量壽宗要經　　(254–101)

英 IOL.Tib.J.VOL.114　58.ཚེ་དཔག་ཏུ་མྱེད་པ་ཞེས་བྱ་བ་ཐེག་པ་ཆེན་པོའི་མདོ
58.大乘無量壽宗要經　　(254–102)

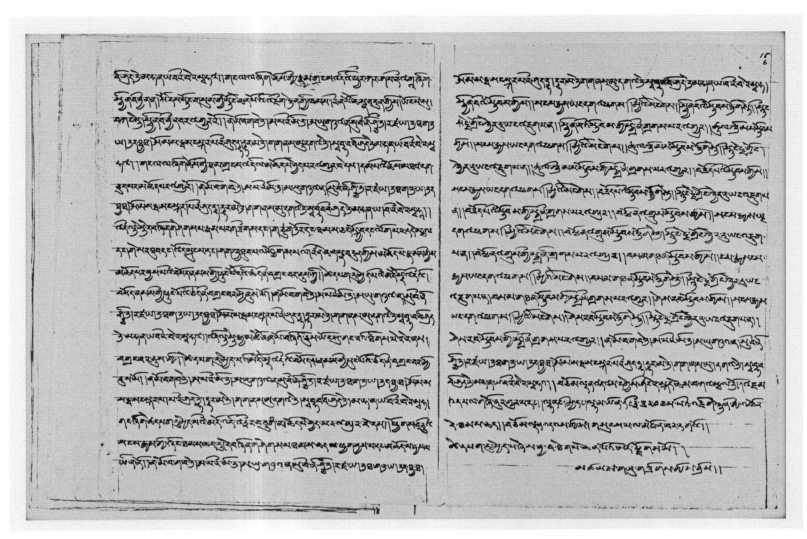

英 IOL.Tib.J.VOL.114　　58.ཚེ་དཔག་དུ་མྱེད་པ་ཞེས་བྱ་བ་ཐེག་པ་ཆེན་པོའི་མདོ།　　59.བྲིས་བྱང་།

58.大乘無量壽宗要經　　59.抄寫題記　　(254–103)

英 IOL.Tib.J.VOL.114　　60.ཚེ་དཔག་དུ་མྱེད་པ་ཞེས་བྱ་བ་ཐེག་པ་ཆེན་པོའི་མདོ།

60.大乘無量壽宗要經　　(254–104)

英 IOL.Tib.J.VOL.114　60.ཚེ་དཔག་དུ་མྱེད་པ་ཞེས་བྱ་བ་ཐེག་པ་ཆེན་པོའི་མདོ།
60.大乘無量壽宗要經　　　(254–105)

英 IOL.Tib.J.VOL.114　60.ཚེ་དཔག་དུ་མྱེད་པ་ཞེས་བྱ་བ་ཐེག་པ་ཆེན་པོའི་མདོ།　　61.བྲིས་བྱང་།
60.大乘無量壽宗要經　　61.抄寫題記　　(254–106)

英 IOL.Tib.J.VOL.114　62.ཚེ་དཔག་དུ་མྱེད་པ་ཞེས་བྱ་བ་ཐེག་པ་ཆེན་པོའི་མདོ།
62.大乘無量壽宗要經　　　(254-107)

英 IOL.Tib.J.VOL.114　62.ཚེ་དཔག་དུ་མྱེད་པ་ཞེས་བྱ་བ་ཐེག་པ་ཆེན་པོའི་མདོ།
62.大乘無量壽宗要經　　　(254-108)

英 IOL.Tib.J.VOL.114　　62.ཚེ་དཔག་ཏུ་མྱེད་པ་ཞེས་བྱ་བ་ཐེག་པ་ཆེན་པོའི་མདོ།　　63.བྲིས་བྱང་།

62.大乘無量壽宗要經　　63.抄寫題記　　(254-109)

英 IOL.Tib.J.VOL.114　　64.ཚེ་དཔག་ཏུ་མྱེད་པ་ཞེས་བྱི་བ་ཐེག་པ་ཆེན་པོའི་མདོ།

64.大乘無量壽宗要經　　(254-110)

64.大乘無量壽宗要經　　　(254–111)

英 IOL.Tib.J.VOL.114　66.ཚེ་དཔག་དུ་མྱེད་པ་ཞེས་བྱ་བ་ཐེག་པ་ཆེན་པོའི་མདོ།
66.大乘無量壽宗要經　　(254–113)

英 IOL.Tib.J.VOL.114　66.ཚེ་དཔག་དུ་མྱེད་པ་ཞེས་བྱ་བ་ཐེག་པ་ཆེན་པོའི་མདོ།
66.大乘無量壽宗要經　　(254–114)

英 IOL.Tib.J.VOL.114 66.ཚེ་དཔག་དུ་མྱེད་པ་ཞེས་བྱ་བ་ཐེག་པ་ཆེན་པོའི་མདོ།
66.大乘無量壽宗要經 (254–115)

英 IOL.Tib.J.VOL.114 67.ཚེ་དཔག་དུ་མྱེད་པ་ཞེས་བྱ་བ་ཐེག་པ་ཆེན་པོའི་མདོ།
67.大乘無量壽宗要經 (254–116)

英 IOL.Tib.J.VOL.114　67.ཚེ་དཔག་དུ་མྱེད་པ་ཞེས་བྱ་བ་ཐེག་པ་ཆེན་པོའི་མདོ།

67.大乘無量壽宗要經　　　(254-117)

英 IOL.Tib.J.VOL.114　67.ཚེ་དཔག་དུ་མྱེད་པ་ཞེས་བྱ་བ་ཐེག་པ་ཆེན་པོའི་མདོ།　　68.བྲིས་བྱང་།

67.大乘無量壽宗要經　　68.抄寫題記　　(254-118)

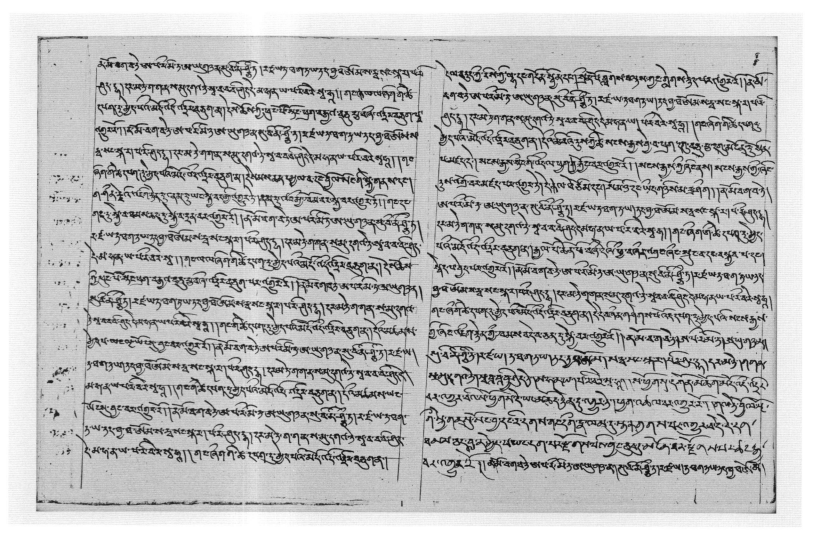

英 IOL.Tib.J.VOL.114 69.ཚེ་དཔག་དུ་མྱེད་པ་ཞེས་བྱ་བ་ཐེག་པ་ཆེན་པོའི་མདོ།
69.大乘無量壽宗要經 (254–119)

英 IOL.Tib.J.VOL.114 69.ཚེ་དཔག་དུ་མྱེད་པ་ཞེས་བྱ་བ་ཐེག་པ་ཆེན་པོའི་མདོ།
69.大乘無量壽宗要經 (254–120)

英 IOL.Tib.J.VOL.114　69.ཚེ་དཔག་དུ་མྱེད་པ་ཞེས་བྱ་བ་ཐེག་པ་ཆེན་པོའི་མདོ།　70.བྲིས་བྱང་།

69.大乘無量壽宗要經　　　70.抄寫題記　　(254–121)

英 IOL.Tib.J.VOL.114　71.ཚེ་དཔག་དུ་མྱེད་པ་ཞེས་བྱ་བ་ཐེག་པ་ཆེན་པོའི་མདོ།

71.大乘無量壽宗要經　　(254–122)

英 IOL.Tib.J.VOL.114　71.ཚེ་དཔག་ཏུ་མྱེད་པ་ཞེས་བྱ་བ་ཐེག་པ་ཆེན་པོའི་མདོ།
　　　　　　　　71.大乘無量壽宗要經　　　(254–123)

英 IOL.Tib.J.VOL.114　71.ཚེ་དཔག་ཏུ་མྱེད་པ་ཞེས་བྱ་བ་ཐེག་པ་ཆེན་པོའི་མདོ།　　72.བྲིས་བྱང་།
　　　　　　　　71.大乘無量壽宗要經　　　72.抄寫題記　　(254–124)

英 IOL.Tib.J.VOL.114　73.ཚེ་དཔག་དུ་མྱེད་པ་ཞེས་བྱ་བ་ཐེག་པ་ཆེན་པོའི་མདོ།　74.བྲིས་བྱང་།

73.大乘無量壽宗要經　　74.抄寫題記　　(254–127)

英 IOL.Tib.J.VOL.114　75.ཚེ་དཔག་དུ་མྱེད་པ་ཞེས་བྱ་བ་ཐེག་པ་ཆེན་པོའི་མདོ།

75.大乘無量壽宗要經　　(254–128)

英 IOL.Tib.J.VOL.114　　75.ཚེ་དཔག་དུ་མྱེད་པ་ཞེས་བྱ་བ་ཐེག་པ་ཆེན་པོའི་མདོ།
75.大乘無量壽宗要經　　　(254–129)

英 IOL.Tib.J.VOL.114　　75.ཚེ་དཔག་དུ་མྱེད་པ་ཞེས་བྱ་བ་ཐེག་པ་ཆེན་པོའི་མདོ།　　　76.བྲིས་བྱང་།
75.大乘無量壽宗要經　　　76.抄寫題記　　　(254–130)

ༀ།།རྒྱ་གར་སྐད་དུ་འ་ཪ་ཡ་ཨ་མི་ཏ་ཨ་ཡུརྣྞ་མ་མ་ཧ་ཡ་ན་སུ་ཏྲ། བོད་སྐད་དུ་འཕགས་པ།
ཚེ་དཔག་ཏུ་མེད་པ་ཞེས་བྱ་བ་ཐེག་པ་ཆེན་པོའི་མདོ། སངས་རྒྱས་དང་བྱང་ཆུབ་སེམས་དཔའ་ཐམས་ཅད་ལ་ཕྱག་འཚལ་ལོ།
འདི་སྐད་བདག་གིས་ཐོས་པ་དུས་གཅིག་ན། བཅོམ་ལྡན་འདས་མཉན་ཡོད་ན་རྒྱལ་བུ་རྒྱལ་བྱེད་ཀྱི་ཚལ་མགོན་མེད་ཟས་སྦྱིན་གྱི་
ཀུན་དགའ་ར་བ་ན། དགེ་སློང་སྟོང་ཉིས་བརྒྱ་ལྔ་བཅུ་དང་ཐབས་ཅིག་ཏུ་བཞུགས་ཏེ། དེ་ནས་བཅོམ་ལྡན་འདས་ཀྱིས་
ཚེ་དང་ལྡན་པ་ཤཱ་རིའི་བུ་ལ་བཀའ་སྩལ་པ། ཤཱ་རིའི་བུ་འདི་ནས་ནུབ་ཀྱི་ཕྱོགས་སུ། སངས་རྒྱས་ཀྱི་ཞིང་བྱེ་བ་ཕྲག་

英 IOL.Tib.J.VOL.114　77.ཚེ་དཔག་དུ་མྱེད་པ་ཞེས་བྱ་བ་ཐེག་པ་ཆེན་པོའི་མདོ།　78.བྲིས་བྱང་།

77.大乘無量壽宗要經　　78.抄寫題記　　(254-133)

英 IOL.Tib.J.VOL.114　79.ཚེ་དཔག་དུ་མྱེད་པ་ཞེས་བྱ་བ་ཐེག་པ་ཆེན་པོའི་མདོ།

79.大乘無量壽宗要經　　(254-134)

英 IOL.Tib.J.VOL.114　　79.ཚེ་དཔག་དུ་མྱེད་པ་ཞེས་བྱ་བ་ཐེག་པ་ཆེན་པོའི་མདོ།

79.大乘無量壽宗要經　　　　(254–135)

英 IOL.Tib.J.VOL.114　　79.ཚེ་དཔག་དུ་མྱེད་པ་ཞེས་བྱ་བ་ཐེག་པ་ཆེན་པོའི་མདོ།　　80.བྲིས་བྱང་།

79.大乘無量壽宗要經　　80.抄寫題記　　　(254–136)

英 IOL.Tib.J.VOL.114　81.ཚེ་དཔག་དུ་མྱེད་པ་ཞེས་བྱ་བ་ཐེག་པ་ཆེན་པོའི་མདོ།

81.大乘無量壽宗要經　　　(254–137)

英 IOL.Tib.J.VOL.114　81.ཚེ་དཔག་དུ་མྱེད་པ་ཞེས་བྱ་བ་ཐེག་པ་ཆེན་པོའི་མདོ།

81.大乘無量壽宗要經　　　(254–138)

英 IOL.Tib.J.VOL.114　　81.ཚེ་དཔག་དུ་མྱེད་པ་ཞེས་བྱ་བ་ཐེག་པ་ཆེན་པོའི་མདོ།　　82.བྲིས་བྱང་།

81.大乘無量壽宗要經　　　82.抄寫題記　　　(254–139)

英 IOL.Tib.J.VOL.114　　83.ཚེ་དཔག་དུ་མྱེད་པ་ཞེས་བྱ་བ་ཐེག་པ་ཆེན་པོའི་མདོ།

83.大乘無量壽宗要經　　　(254–140)

英 IOL.Tib.J.VOL.114　83. ཚེ་དཔག་དུ་མྱེད་པ་ཞེས་བྱ་བ་ཐེག་པ་ཆེན་པོའི་མདོ།
83.大乘無量壽宗要經　　(254–141)

英 IOL.Tib.J.VOL.114　83. ཚེ་དཔག་དུ་མྱེད་པ་ཞེས་བྱ་བ་ཐེག་པ་ཆེན་པོའི་མདོ།
83.大乘無量壽宗要經　　(254–142)

英 IOL.Tib.J.VOL.114　　84.ཚེ་དཔག་དུ་མྱེད་པ་ཞེས་བྱ་བ་ཐེག་པ་ཆེན་པོའི་མདོ།

84.大乘無量壽宗要經　　　(254-143)

英 IOL.Tib.J.VOL.114　　84.ཚེ་དཔག་དུ་མྱེད་པ་ཞེས་བྱ་བ་ཐེག་པ་ཆེན་པོའི་མདོ།

84.大乘無量壽宗要經　　　(254-144)

英 IOL.Tib.J.VOL.114　84.ཚེ་དཔག་དུ་མྱེད་པ་ཞེས་བྱ་བ་ཐེག་པ་ཆེན་པོའི་མདོ།　　85.བྲིས་བྱང་།

84.大乘無量壽宗要經　　85.抄寫題記　　(254–145)

英 IOL.Tib.J.VOL.114　86.ཚེ་དཔག་དུ་མྱེད་པ་ཞེས་བྱ་བ་ཐེག་པ་ཆེན་པོའི་མདོ།

86.大乘無量壽宗要經　　(254–146)

英 IOL.Tib.J.VOL.114　　86.ཚེ་དཔག་དུ་མྱེད་པ་ཞེས་བྱ་བ་ཐེག་པ་ཆེན་པོའི་མདོ།
86.大乘無量壽宗要經　　　(254–147)

英 IOL.Tib.J.VOL.114　　86.ཚེ་དཔག་དུ་མྱེད་པ་ཞེས་བྱ་བ་ཐེག་པ་ཆེན་པོའི་མདོ།　　　87.བྲིས་བྱང་།
86.大乘無量壽宗要經　　　87.抄寫題記　　(254–148)

英 IOL.Tib.J.VOL.114　88.ཚེ་དཔག་དུ་མྱེད་པ་ཞེས་བྱ་བ་ཐེག་པ་ཆེན་པོའི་མདོ།
88.大乘無量壽宗要經　　(254-149)

英 IOL.Tib.J.VOL.114　88.ཚེ་དཔག་དུ་མྱེད་པ་ཞེས་བྱ་བ་ཐེག་པ་ཆེན་པོའི་མདོ།
88.大乘無量壽宗要經　　(254-150)

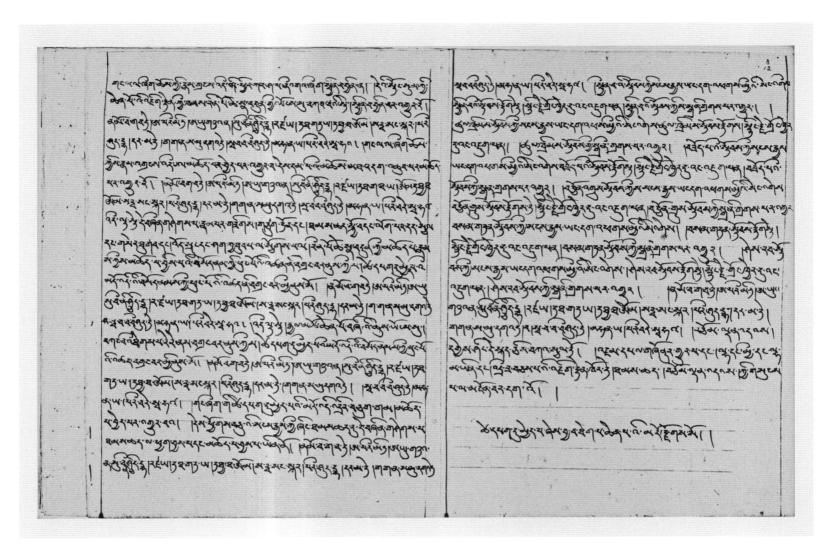

英 IOL.Tib.J.VOL.114　88.ཚེ་དཔག་དུ་མྱེད་པ་ཞེས་བྱ་བ་ཐེག་པ་ཆེན་པོའི་མདོ།

88.大乘無量壽宗要經　　　(254–151)

英 IOL.Tib.J.VOL.114　89.ཚེ་དཔག་དུ་མྱེད་པ་ཞེས་བྱ་བ་ཐེག་པ་ཆེན་པོའི་མདོ།

89.大乘無量壽宗要經　　　(254–152)

英 IOL.Tib.J.VOL.114　89.ཚེ་དཔག་དུ་མྱེད་པ་ཞེས་བྱ་བ་ཐེག་པ་ཆེན་པོ་འི་མདོ།
89.大乘無量壽宗要經　　(254–153)

英 IOL.Tib.J.VOL.114　89.ཚེ་དཔག་དུ་མྱེད་པ་ཞེས་བྱ་བ་ཐེག་པ་ཆེན་པོ་འི་མདོ།
89.大乘無量壽宗要經　　(254–154)

英 IOL.Tib.J.VOL.114　90.ཚེ་དཔག་དུ་མྱེད་པ་ཞེས་བྱ་བ་ཐེག་པ་ཆེན་པོའི་མདོ།
90.大乘無量壽宗要經　　(254–155)

英 IOL.Tib.J.VOL.114　90.ཚེ་དཔག་དུ་མྱེད་པ་ཞེས་བྱ་བ་ཐེག་པ་ཆེན་པོའི་མདོ།
90.大乘無量壽宗要經　　(254–156)

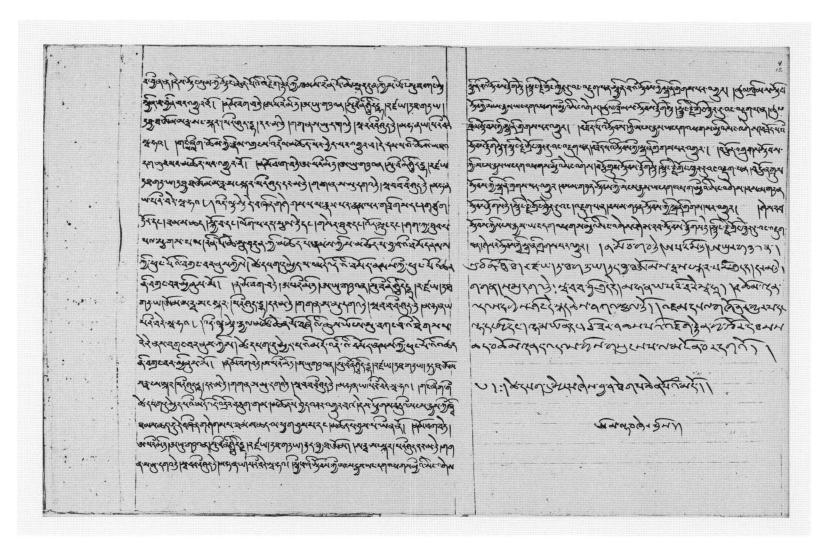

英 IOL.Tib.J.VOL.114　90.ཚེ་དཔག་དུ་མྱེད་པ་ཞེས་བྱ་བ་ཐེག་པ་ཆེན་པོའི་མདོ།　91.བྲིས་བྱང་།

90.大乘無量壽宗要經　　91.抄寫題記　　(254–157)

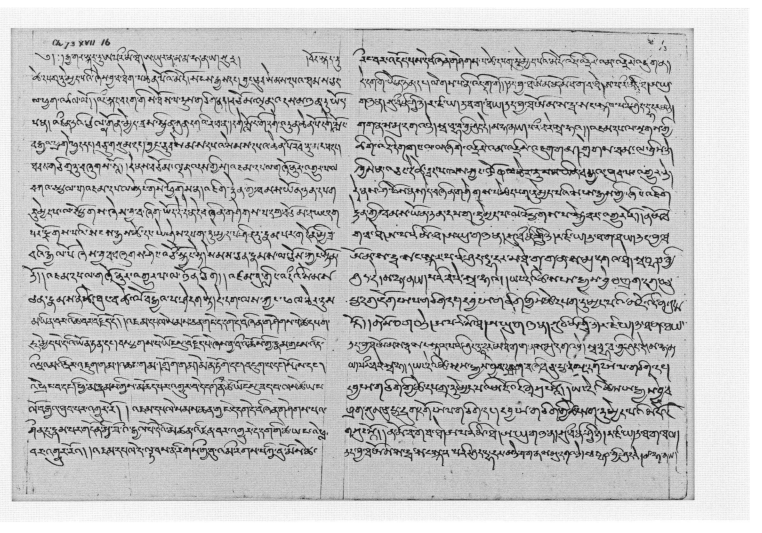

英 IOL.Tib.J.VOL.114　92.ཚེ་དཔག་དུ་མྱེད་པ་ཞེས་བྱ་བ་ཐེག་པ་ཆེན་པོའི་མདོ།

92.大乘無量壽宗要經　　(254–158)

英 IOL.Tib.J.VOL.114　92.ཚེ་དཔག་དུ་མྱེད་པ་ཞེས་བྱ་བ་ཐེག་པ་ཆེན་པོ་འི་མདོ།
92.大乘無量壽宗要經　　　(254-159)

英 IOL.Tib.J.VOL.114　92.ཚེ་དཔག་དུ་མྱེད་པ་ཞེས་བྱ་བ་ཐེག་པ་ཆེན་པོ་འི་མདོ།　　　93.བྱིས་བྱང་།
92.大乘無量壽宗要經　　　93.抄寫題記　　　(254-160)

英 IOL.Tib.J.VOL.114　94.ཚེ་དཔག་ཏུ་མྱེད་པ་ཞེས་བྱ་བ་ཐེག་པ་ཆེན་པོའི་མདོ།

94.大乘無量壽宗要經　　(254–161)

英 IOL.Tib.J.VOL.114　94.ཚེ་དཔག་ཏུ་མྱེད་པ་ཞེས་བྱ་བ་ཐེག་པ་ཆེན་པོའི་མདོ།

94.大乘無量壽宗要經　　(254–162)

英 IOL.Tib.J.VOL.114　　94.ཚེ་དཔག་དུ་མྱེད་པ་ཞེས་བྱ་བ་ཐེག་པ་ཆེན་པོའི་མདོ།　　95.བྲིས་བྱང་།

94.大乘無量壽宗要經　　　95.抄寫題記　　（254–163）

英 IOL.Tib.J.VOL.114　　96.ཚེ་དཔག་དུ་མྱེད་པ་ཞེས་བྱ་བ་ཐེག་པ་ཆེན་པོའི་མདོ།

96.大乘無量壽宗要經　　　（254–164）

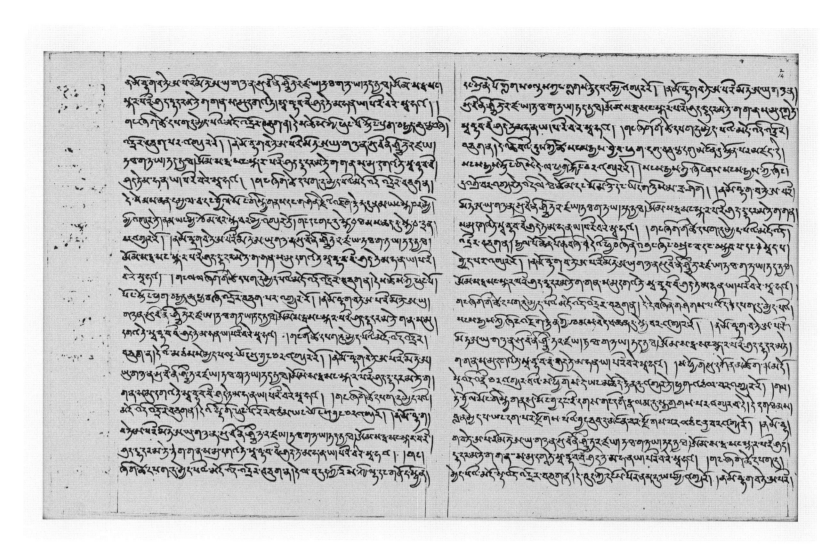

英 IOL.Tib.J.VOL.114　96.ཚེ་དཔག་དུ་མྱེད་པ་ཞེས་བྱ་བ་ཐེག་པ་ཆེན་པོའི་མདོ།
96.大乘無量壽宗要經　　（254–165）

英 IOL.Tib.J.VOL.114　96.ཚེ་དཔག་དུ་མྱེད་པ་ཞེས་བྱ་བ་ཐེག་པ་ཆེན་པོའི་མདོ།
96.大乘無量壽宗要經　　（254–166）

英 IOL.Tib.J.VOL.114　97.ཚེ་དཔག་དུ་མྱེད་པ་ཞེས་བྱ་བ་ཐེག་པ་ཆེན་པོའི་མདོ།

97.大乘無量壽宗要經　　　　(254–167)

英 IOL.Tib.J.VOL.114　97.ཚེ་དཔག་དུ་མྱེད་པ་ཞེས་བྱ་བ་ཐེག་པ་ཆེན་པོའི་མདོ།

97.大乘無量壽宗要經　　　　(254–168)

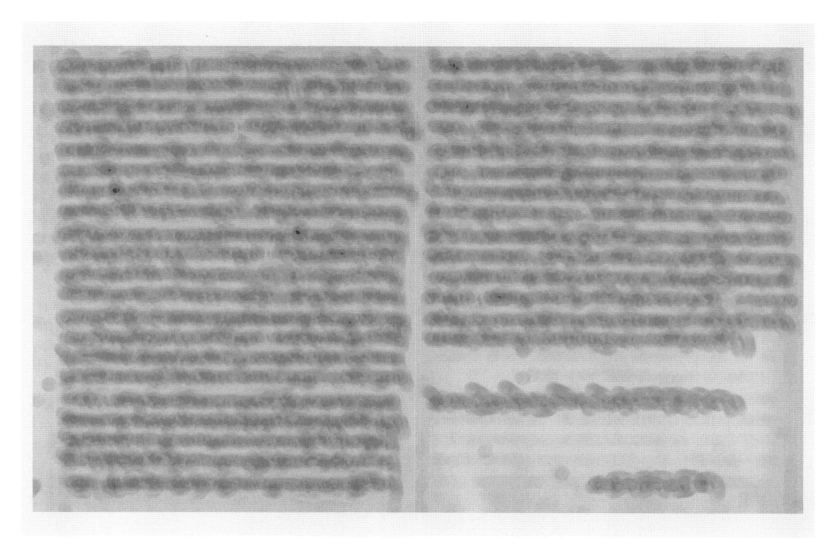

英 IOL.Tib.J.VOL.114　97.ཚེ་དཔག་དུ་མྱེད་པ་ཞེས་བྱ་བ་ཐེག་པ་ཆེན་པོའི་མདོ།　　98.བྲིས་བྱང་།

97.大乘無量壽宗要經　　　98.抄寫題記　　(254-169)　　*原圖版模糊

英 IOL.Tib.J.VOL.114　99.ཚེ་དཔག་དུ་མྱེད་པ་ཞེས་བྱ་བ་ཐེག་པ་ཆེན་པོའི་མདོ།

99.大乘無量壽宗要經　　(254-170)

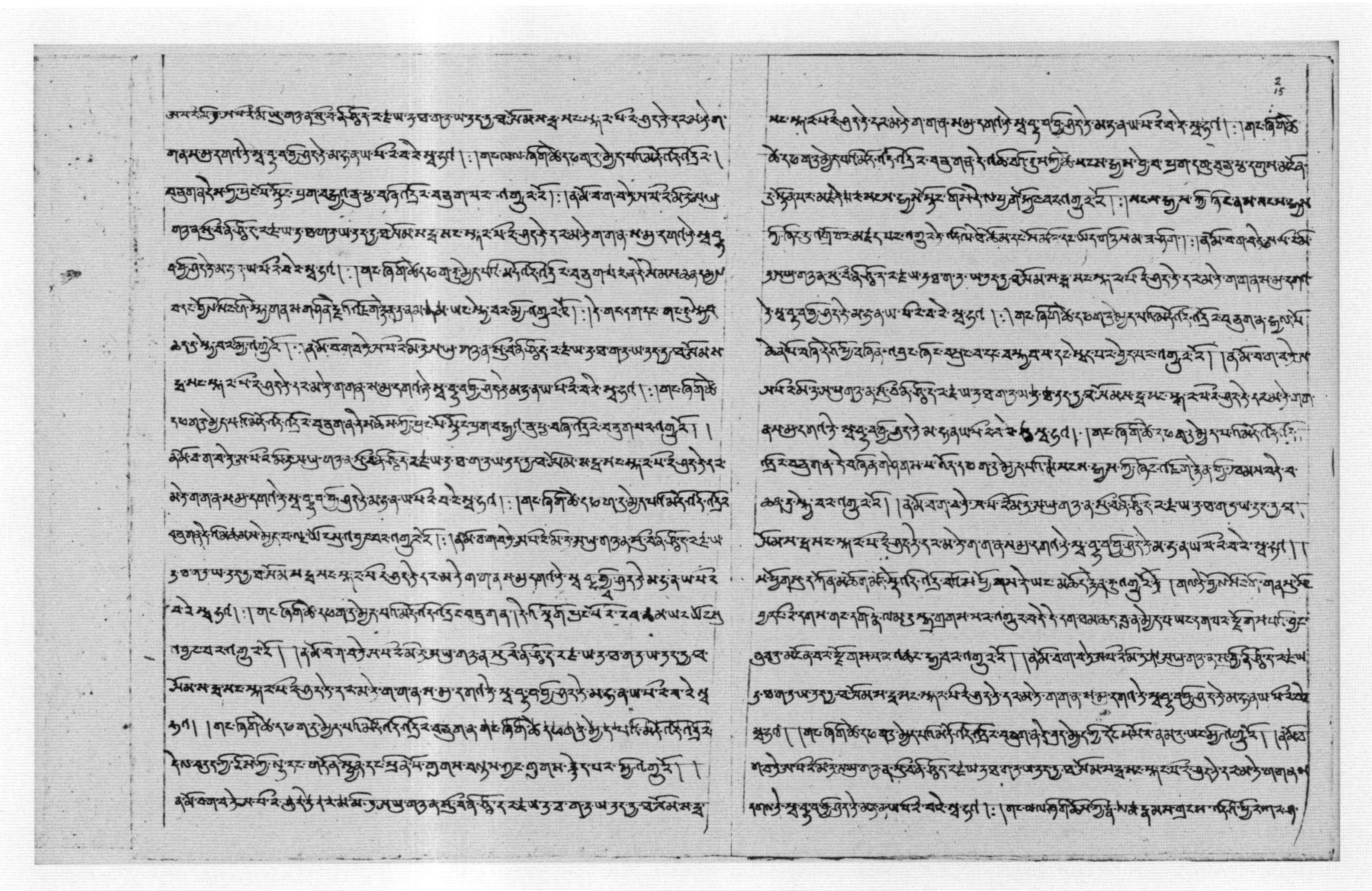

英 IOL.Tib.J.VOL.114　99.ཚེ་དཔག་ཏུ་མེད་པ་ཞེས་བྱ་བ་ཐེག་པ་ཆེན་པོའི་མདོ།
99.大乘無量壽宗要經　(254–171)

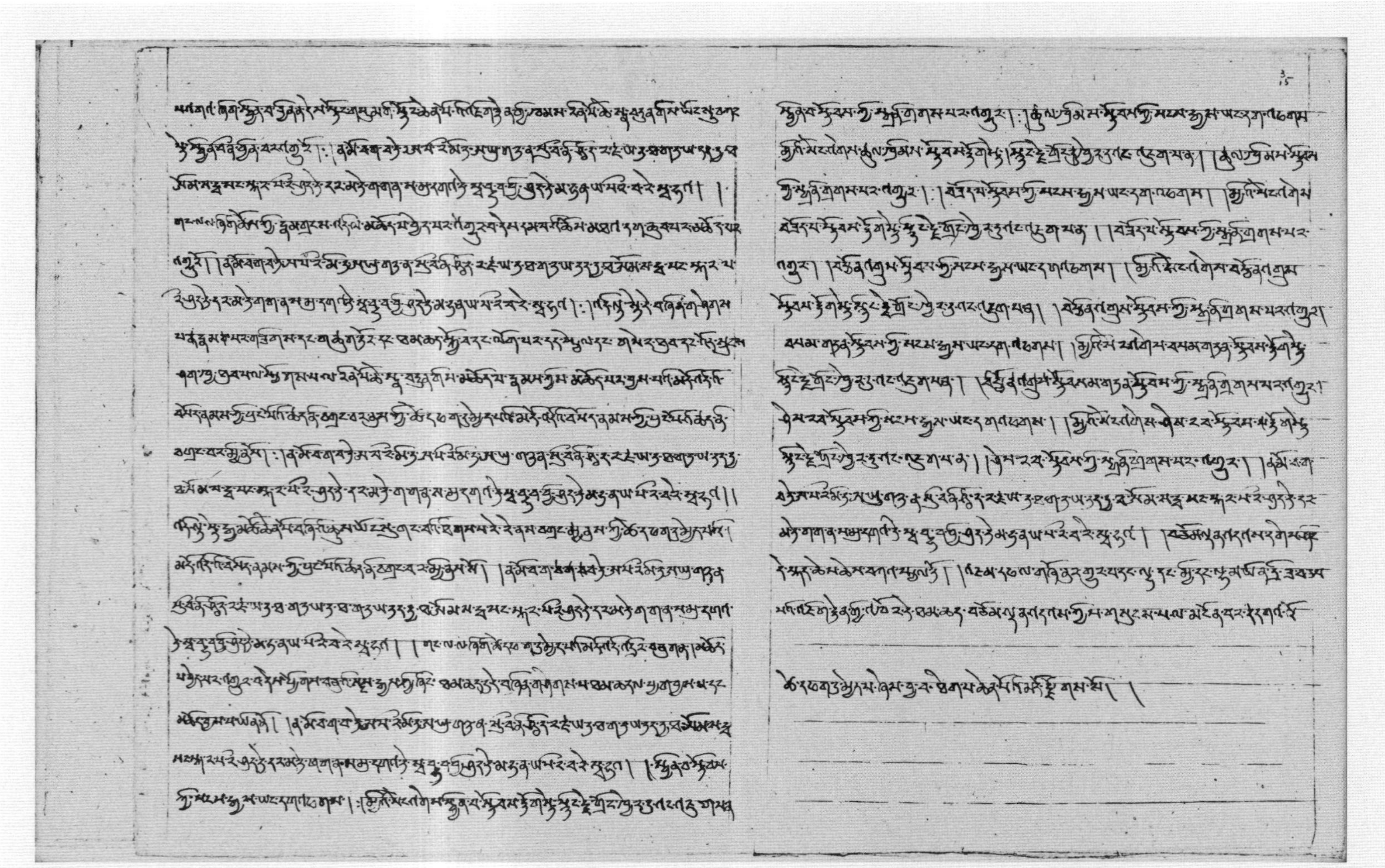

英 IOL.Tib.J.VOL.114　99.ཚེ་དཔག་ཏུ་མེད་པ་ཞེས་བྱ་བ་ཐེག་པ་ཆེན་པོའི་མདོ།
99.大乘無量壽宗要經　(254–172)

英 IOL.Tib.J.VOL.114　100.ཚེ་དཔག་དུ་མྱེད་པ་ཞེས་བྱ་བ་ཐེག་པ་ཆེན་པོའི་མདོ།
100.大乘無量壽宗要經　　　(254-173)

英 IOL.Tib.J.VOL.114　100.ཚེ་དཔག་དུ་མྱེད་པ་ཞེས་བྱ་བ་ཐེག་པ་ཆེན་པོའི་མདོ།
100.大乘無量壽宗要經　　　(254-174)

英 IOL.Tib.J.VOL.114　100.ཚེ་དཔག་དུ་མྱེད་པ་ཞེས་བྱ་བ་ཐེག་པ་ཆེན་པོའི་མདོ།　　101.བྲིས་བྱང་།

100.大乘無量壽宗要經　　101.抄寫題記　　(254-175)

英 IOL.Tib.J.VOL.114　102.ཚེ་དཔག་དུ་མྱེད་པ་ཞེས་ཐེག་པ་ཆེན་པོའི་མདོ།

102.大乘無量壽宗要經　　(254-176)

英 IOL.Tib.J.VOL.114　102.ཚེ་དཔག་དུ་མྱེད་པ་ཞེས་ཐེག་པ་ཆེན་པའི་མདོ།

102.大乘無量壽宗要經　　　(254−177)

英 IOL.Tib.J.VOL.114　102.ཚེ་དཔག་དུ་མྱེད་པ་ཞེས་ཐེག་པ་ཆེན་པའི་མདོ།　　103.བྲིས་བྱང་།

102.大乘無量壽宗要經　　103.抄寫題記　　(254−178)

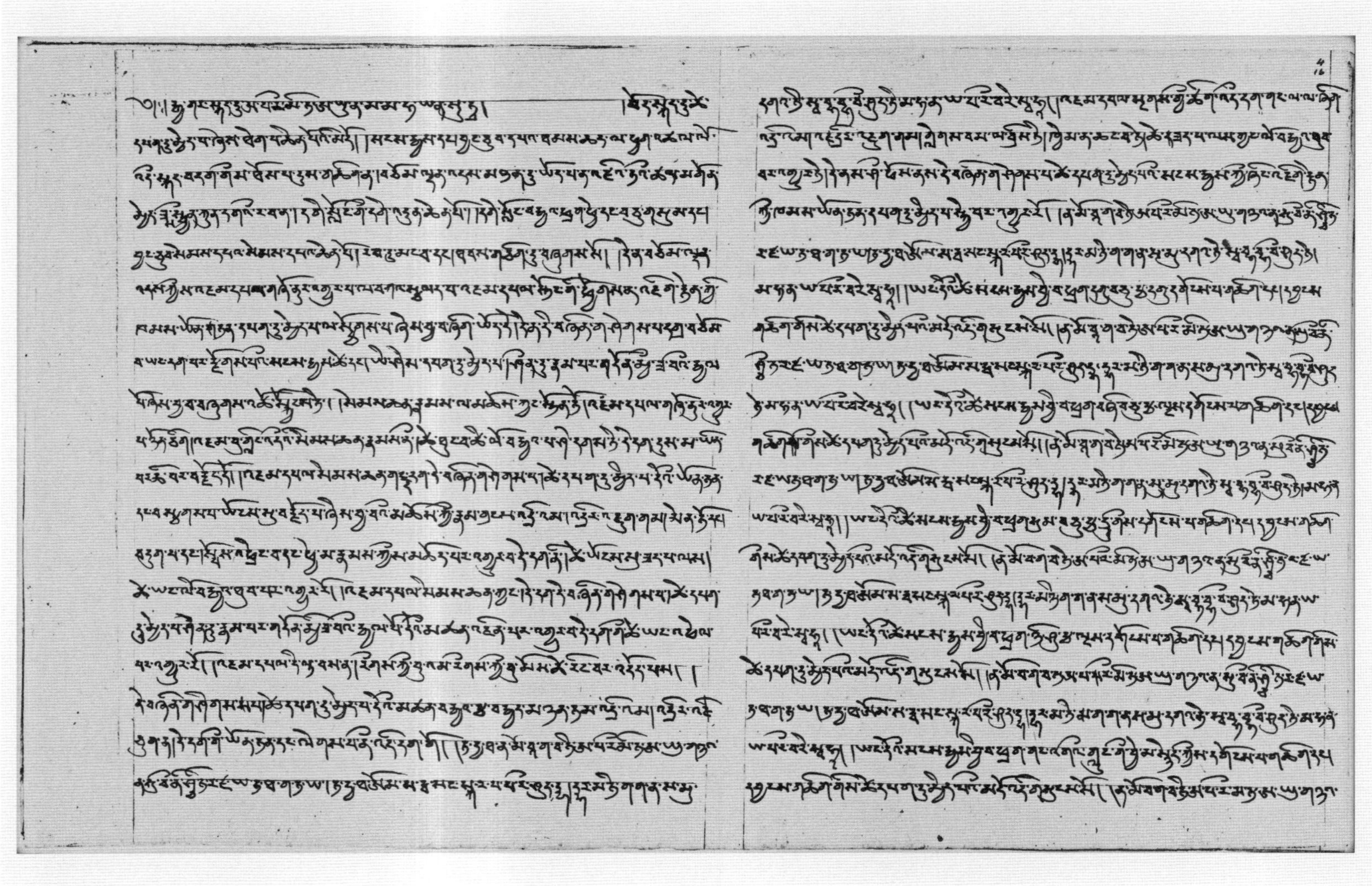

英 IOL.Tib.J.VOL.114　104.ཚེ་དཔག་དུ་མྱེད་པ་ཞེས་ཐེག་པ་ཆེན་པོའི་མདོ།
104.大乘無量壽宗要經　(254–179)

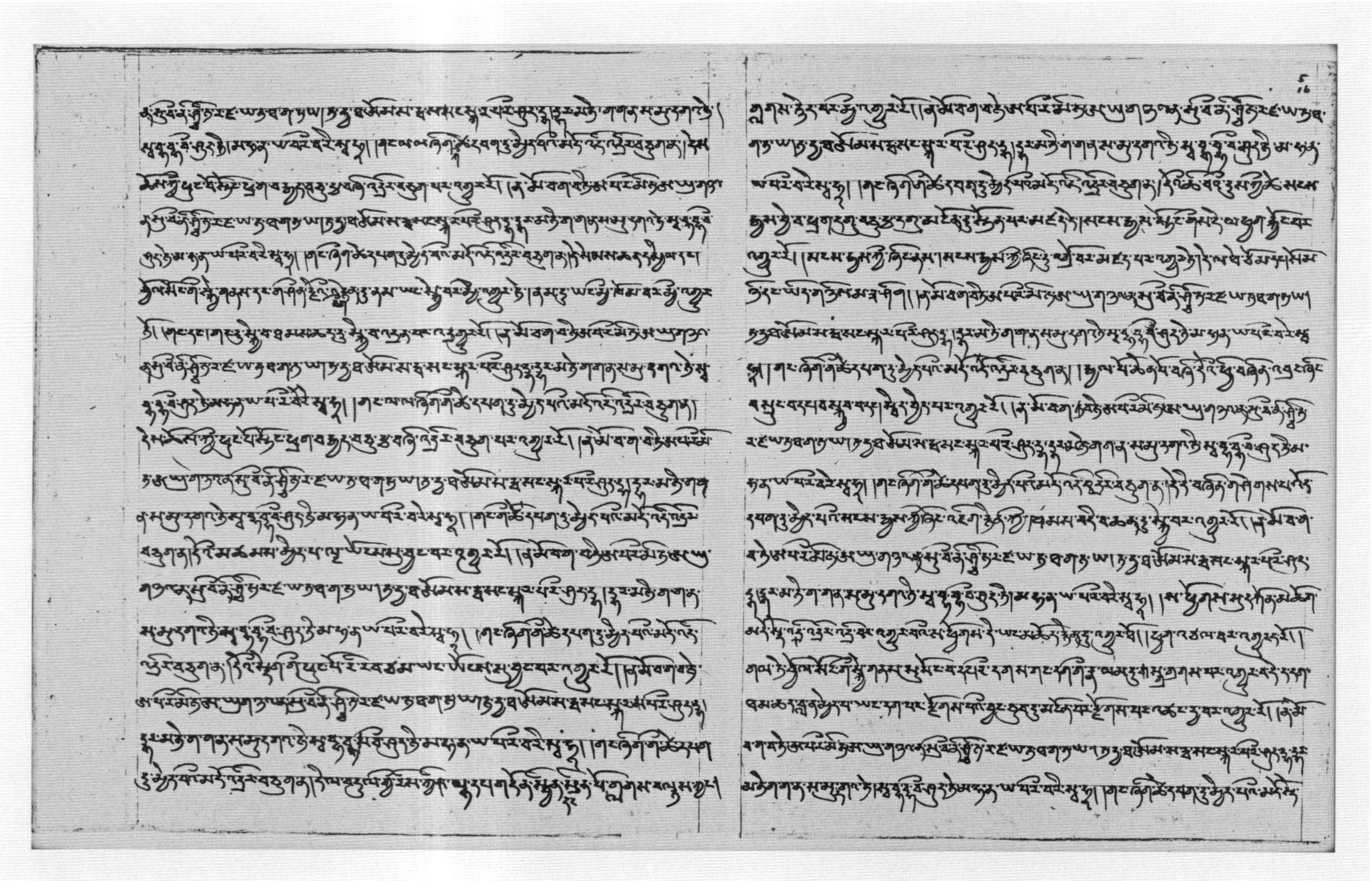

英 IOL.Tib.J.VOL.114　104.ཚེ་དཔག་དུ་མྱེད་པ་ཞེས་ཐེག་པ་ཆེན་པོའི་མདོ།
104.大乘無量壽宗要經　(254–180)

英 IOL.Tib.J.VOL.114　　104.ཚེ་དཔག་དུ་མྱེད་པ་ཞེས་ཐེག་པ་ཆེན་པོའི་མདོ།　　105.བྲིས་བྱང་།

104.大乘無量壽宗要經　　105.抄寫題記　　(254–181)

英 IOL.Tib.J.VOL.114　　106.ཚེ་དཔག་དུ་མྱེད་པ་ཞེས་བྱ་བ་ཐེག་པ་ཆེན་པོའི་མདོ།

106.大乘無量壽宗要經　　(254–182)

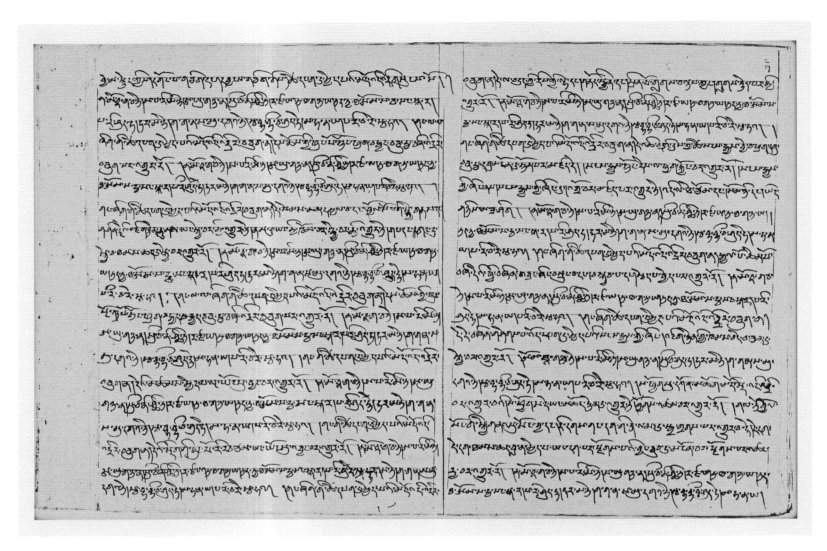

英 IOL.Tib.J.VOL.114　106.ཚེ་དཔག་དུ་མྱེད་པ་ཞེས་བྱ་བ་ཐེག་པ་ཆེན་པོའི་མདོ།
106.大乘無量壽宗要經　　(254–183)

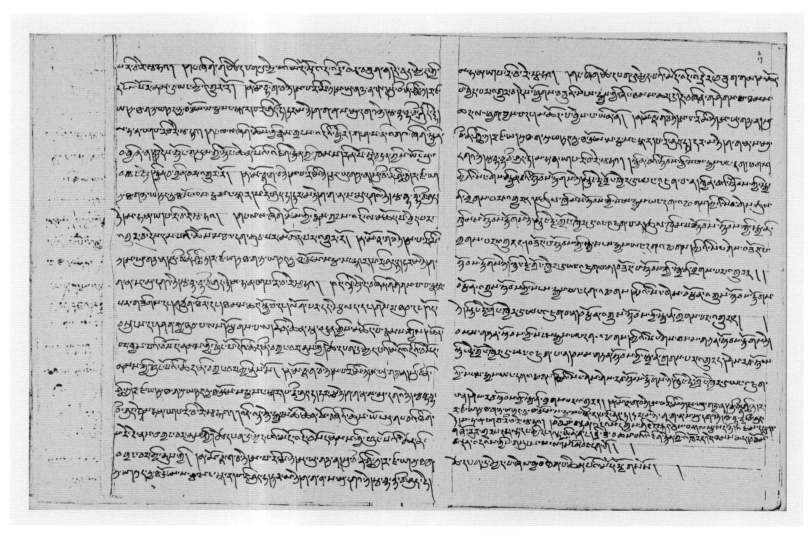

英 IOL.Tib.J.VOL.114　106.ཚེ་དཔག་དུ་མྱེད་པ་ཞེས་བྱ་བ་ཐེག་པ་ཆེན་པོའི་མདོ།
106.大乘無量壽宗要經　　(254–184)

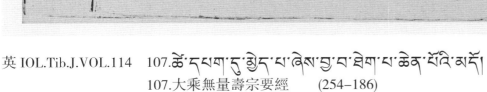

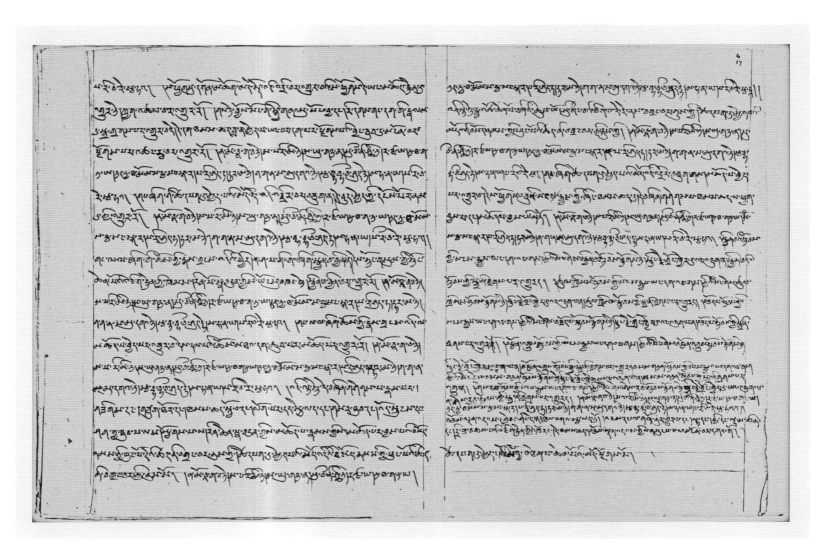

英 IOL.Tib.J.VOL.114　107.ཚེ་དཔག་དུ་མྱེད་པ་ཞེས་བྱ་བ་ཐེག་པ་ཆེན་པོའི་མདོ།
107.大乘無量壽宗要經　　　(254–187)

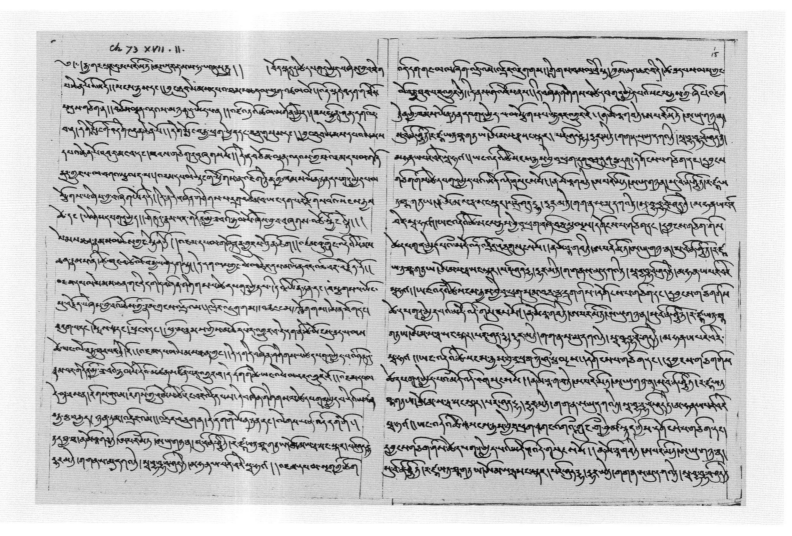

英 IOL.Tib.J.VOL.114　108.ཚེ་དཔག་དུ་མྱེད་པ་ཞེས་བྱ་བ་ཐེག་པ་ཆེན་པོའི་མདོ།
108.大乘無量壽宗要經　　　(254–188)

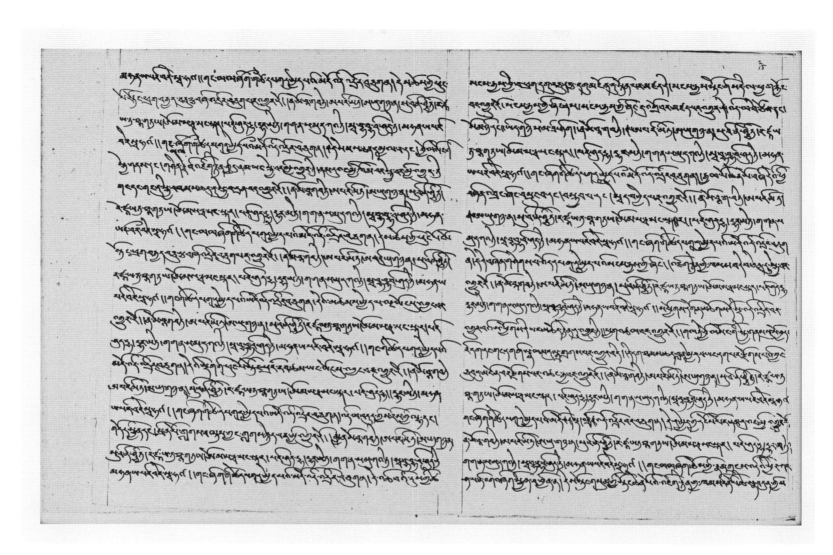

英 IOL.Tib.J.VOL.114　108.ཚེ་དཔག་དུ་མྱེད་པ་ཞེས་བྱ་བ་ཐེག་པ་ཆེན་པོའི་མདོ།

108.大乘無量壽宗要經　　(254-189)

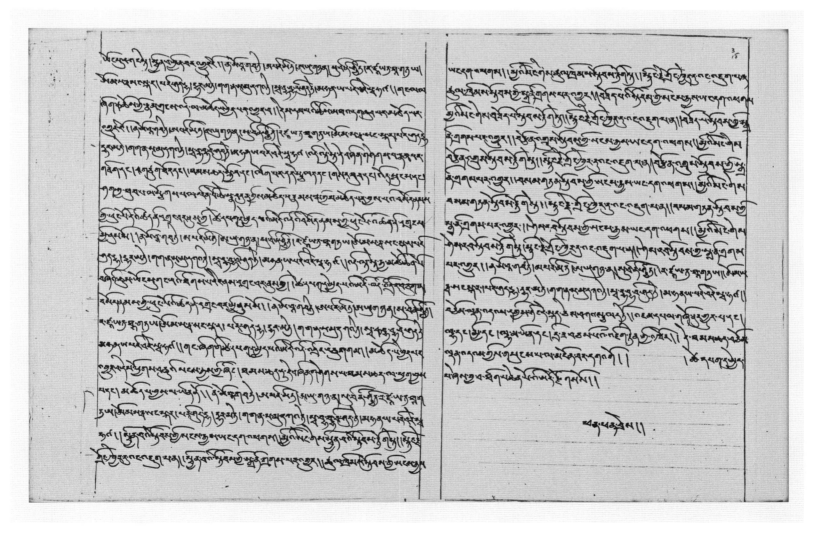

英 IOL.Tib.J.VOL.114　108.ཚེ་དཔག་དུ་མྱེད་པ་ཞེས་བྱ་བ་ཐེག་པ་ཆེན་པོའི་མདོ།　　109.བྲིས་བྱང་།

108.大乘無量壽宗要經　　109.抄寫題記　　(254-190)

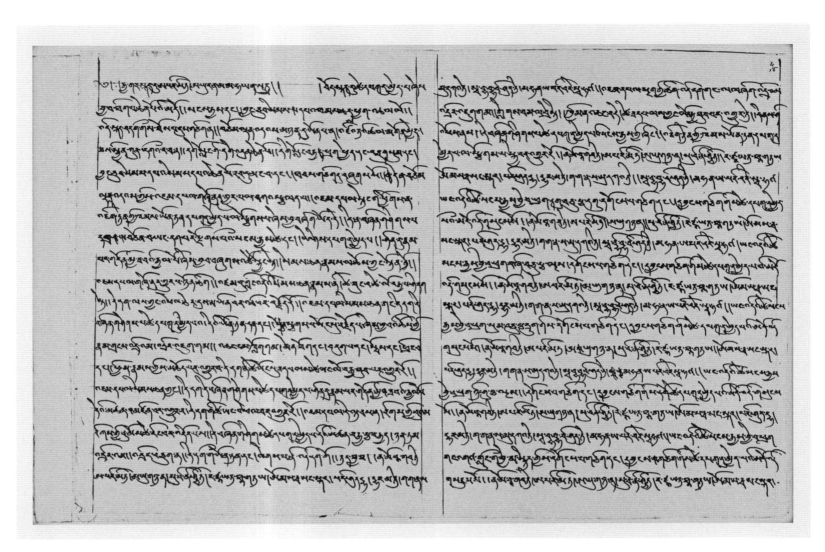

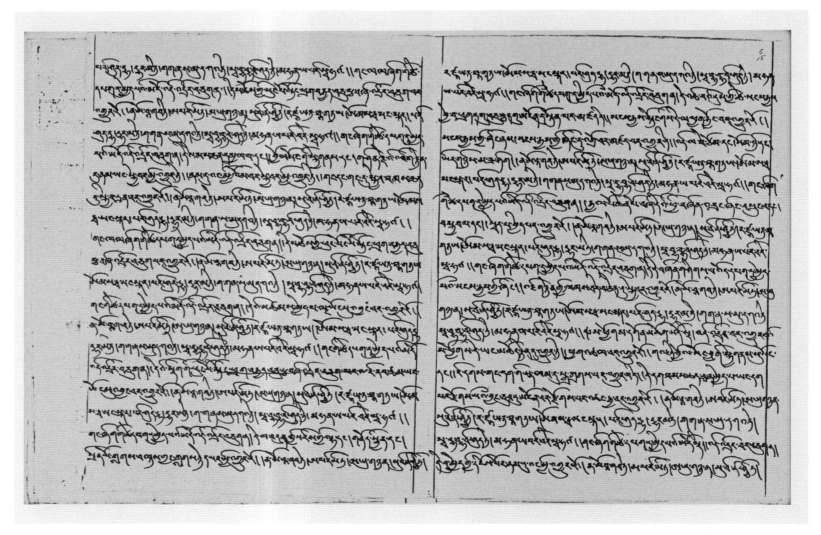

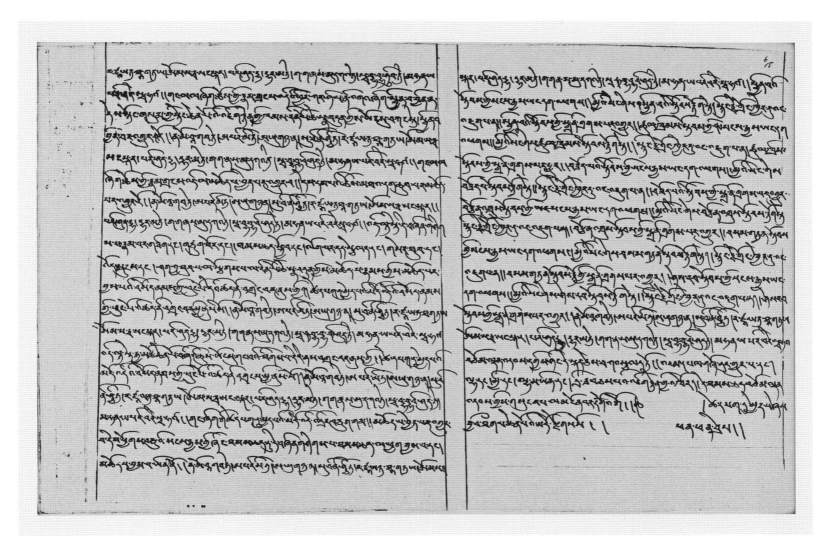

英 IOL.Tib.J.VOL.114　　110.ཚེ་དཔག་དུ་མྱེད་པ་ཞེས་བྱ་བ་ཐེག་པ་ཆེན་པོའི་མདོ།　　111.བྲིས་བྱང་།

110.大乘無量壽宗要經　　　111.抄寫題記　　　(254-193)

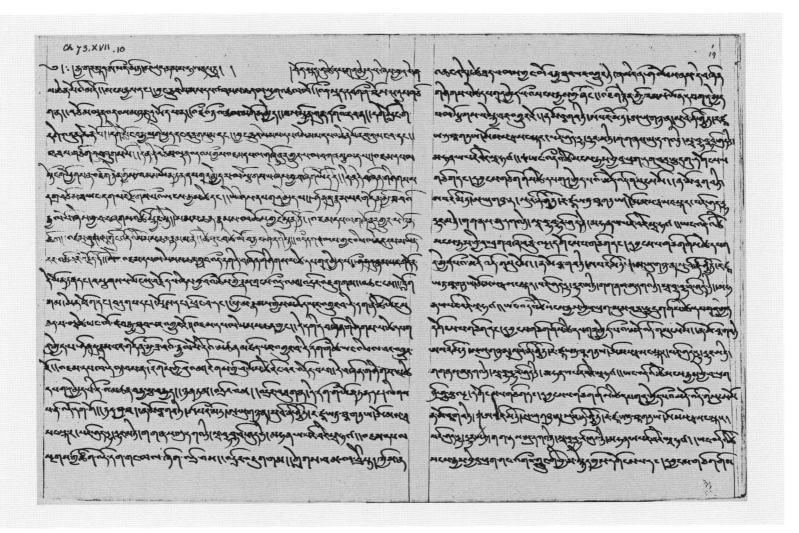

英 IOL.Tib.J.VOL.114　　112.ཚེ་དཔག་དུ་མྱེད་པ་ཞེས་བྱ་བ་ཐེག་པ་ཆེན་པོའི་མདོ།

112.大乘無量壽宗要經　　　(254-194)

英 IOL.Tib.J.VOL.114　112.ཚེ་དཔག་དུ་མྱེད་པ་ཞེས་བྱ་བ་ཐེག་པ་ཆེན་པོའི་མདོ།
112.大乘無量壽宗要經　　(254–195)

英 IOL.Tib.J.VOL.114　112.ཚེ་དཔག་དུ་མྱེད་པ་ཞེས་བྱ་བ་ཐེག་པ་ཆེན་པོའི་མདོ།
112.大乘無量壽宗要經　　(254–196)

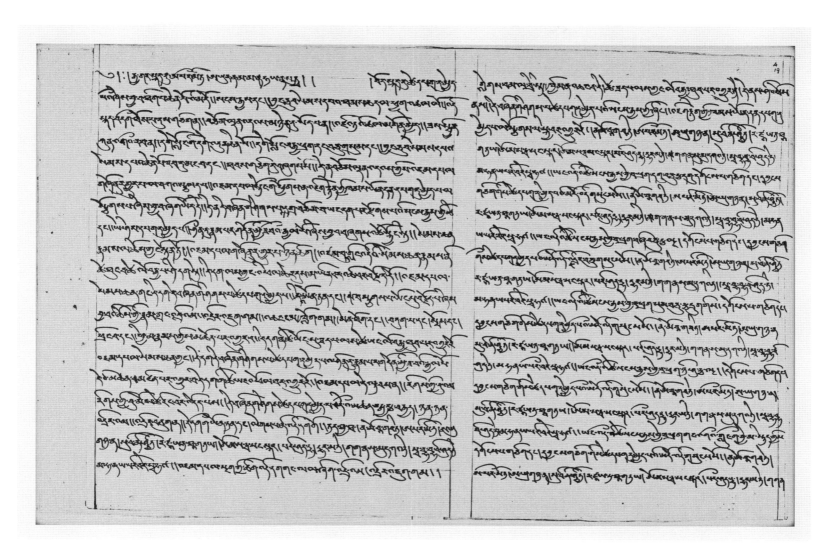

英 IOL.Tib.J.VOL.114　　113.ཚེ་དཔག་དུ་མྱེད་པའི་ཞེས་བྱ་བ་ཐེག་པ་ཆེན་པོའི་མདོ།

113.大乘無量壽宗要經　　　(254–197)

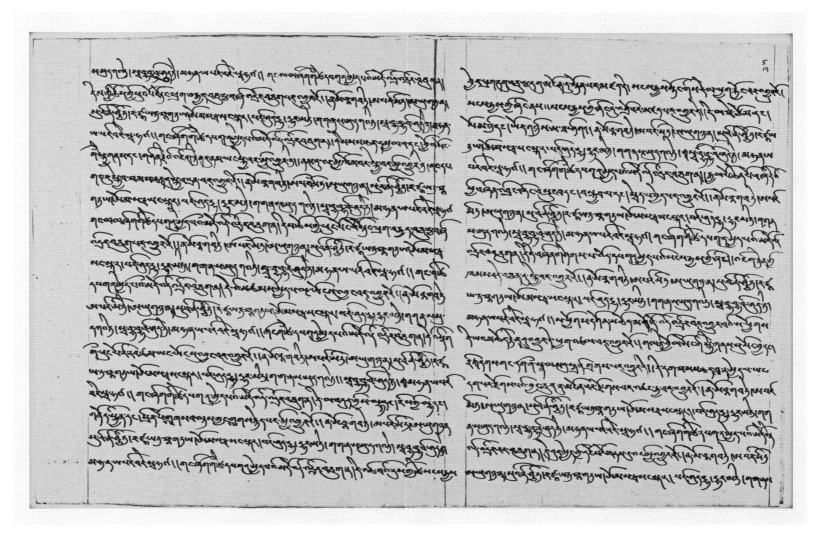

英 IOL.Tib.J.VOL.114　　113.ཚེ་དཔག་དུ་མྱེད་པའི་ཞེས་བྱ་བ་ཐེག་པ་ཆེན་པོའི་མདོ།

113.大乘無量壽宗要經　　　(254–198)

英 IOL.Tib.J.VOL.114　　113.ཚེ་དཔག་དུ་མྱེད་པའི་ཞེས་བྱ་བ་ཐེག་པ་ཆེན་པོའི་མདོ
113.大乘無量壽宗要經　　(254–199)

英 IOL.Tib.J.VOL.114　　114.ཚེ་དཔག་དུ་མྱེད་པ་ཞེས་བྱ་བ་ཐེག་པ་ཆེན་པོའི་མདོ
114.大乘無量壽宗要經　　(254–200)

英 IOL.Tib.J.VOL.114　　114.ཚེ་དཔག་དུ་མྱེད་པ་ཞེས་བྱ་བ་ཐེག་པ་ཆེན་པོའི་མདོ།
114.大乘無量壽宗要經　　　(254–201)

英 IOL.Tib.J.VOL.114　　114.ཚེ་དཔག་དུ་མྱེད་པ་ཞེས་བྱ་བ་ཐེག་པ་ཆེན་པོའི་མདོ།　　　115.བྲིས་བྱང་།
114.大乘無量壽宗要經　　　115.抄寫題記　　　(254–202)

英 IOL.Tib.J.VOL.114　116.ཚེ་དཔག་དུ་མྱེད་པ་ཞེས་བྱ་བ་ཐེག་པ་ཆེན་པོའི་མདོ།　　117.བྲིས་བྱང་།

116.大乘無量壽宗要經　　117.抄寫題記　　(254–205)

英 IOL.Tib.J.VOL.114　118.ཚེ་དཔག་དུ་མྱེད་པ་ཞེས་བྱ་བ་ཐེག་པ་ཆེན་པོའི་མདོ།

118.大乘無量壽宗要經　　(254–206)

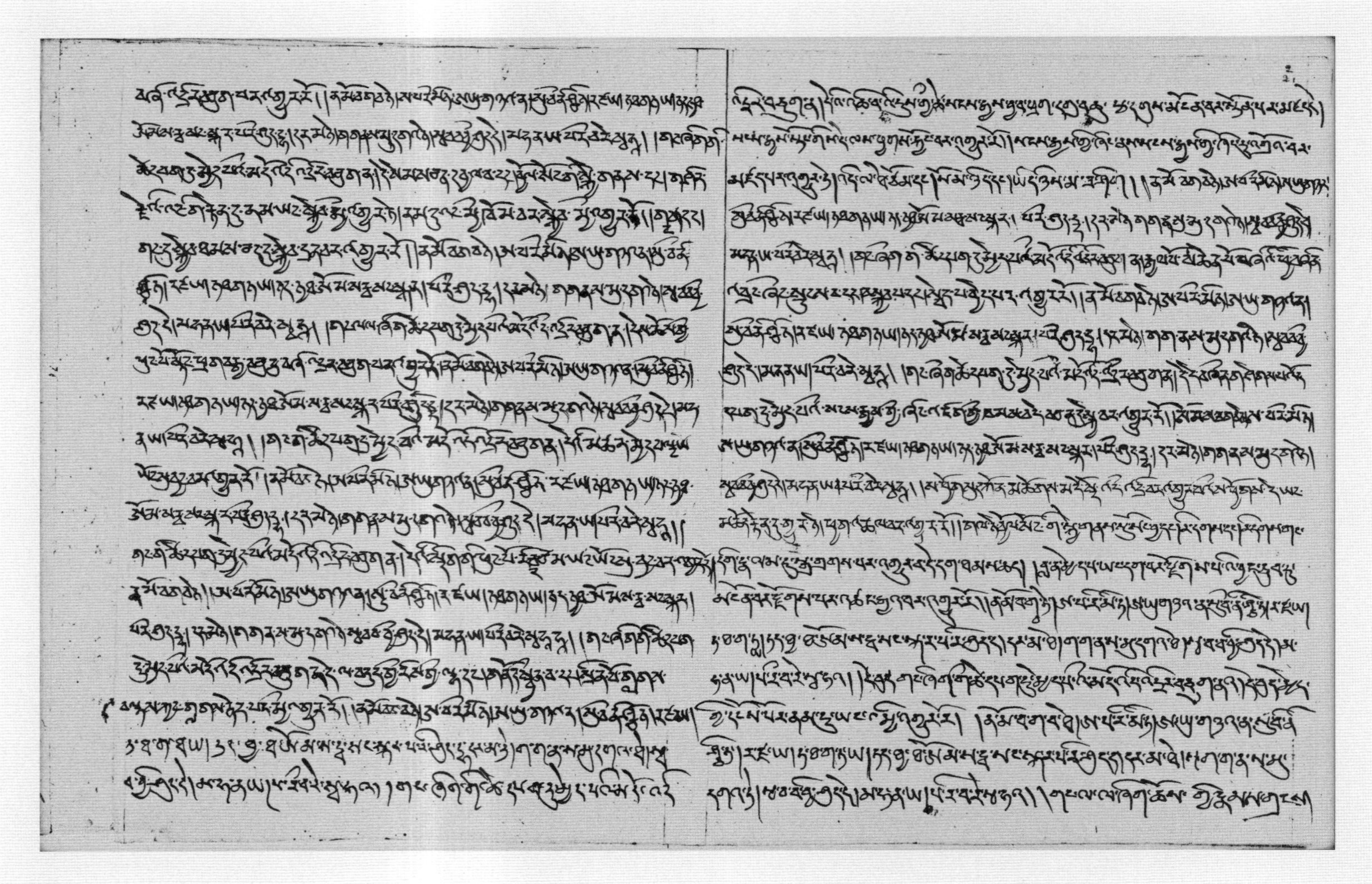

英 IOL.Tib.J.VOL.114　118.ཚེ་དཔག་ཏུ་མེད་པ་ཞེས་བྱ་བ་ཐེག་པ་ཆེན་པོའི་མདོ།
118.大乘無量壽宗要經　(254–207)

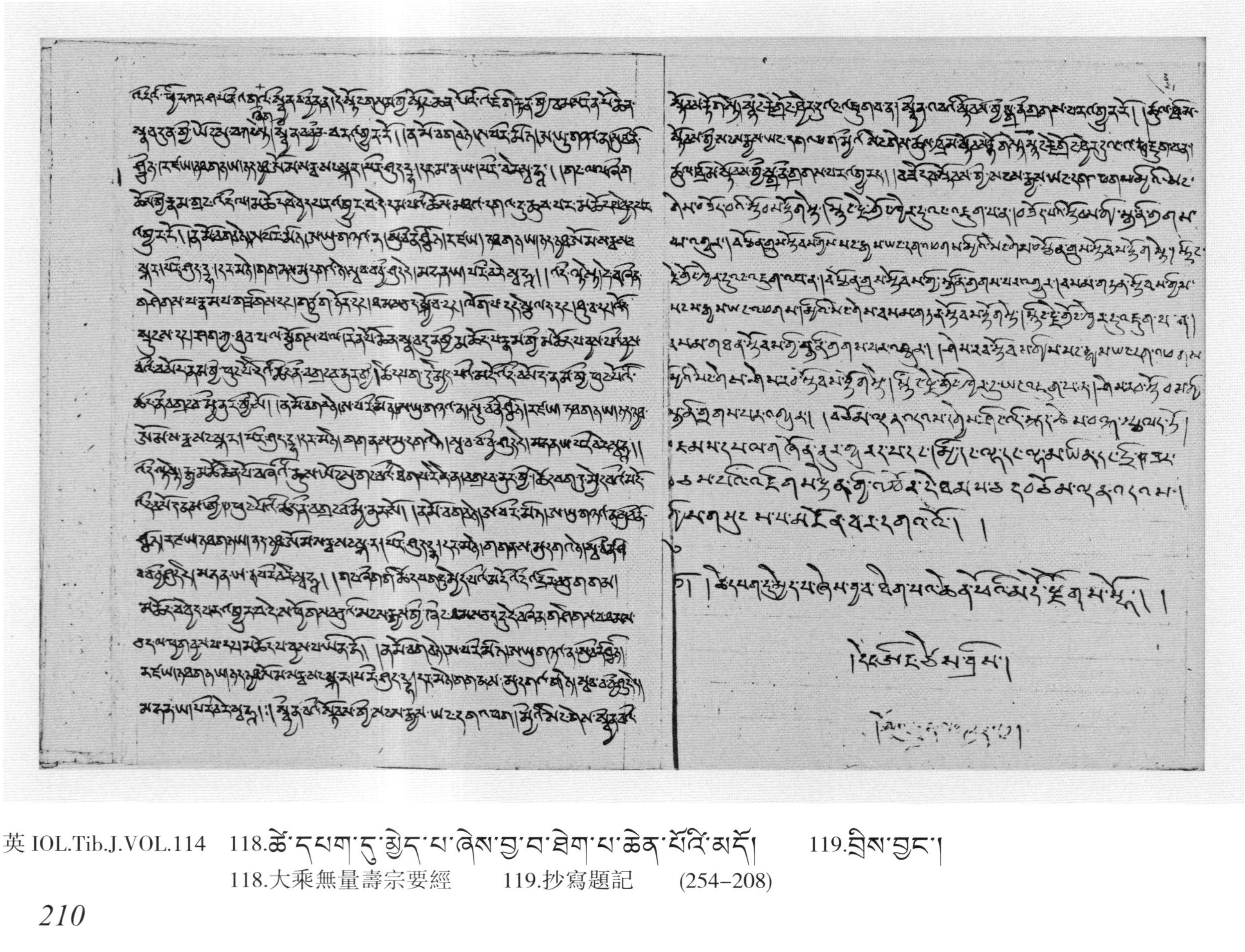

英 IOL.Tib.J.VOL.114　118.ཚེ་དཔག་ཏུ་མེད་པ་ཞེས་བྱ་བ་ཐེག་པ་ཆེན་པོའི་མདོ།　119.བྲིས་བྱང་།
118.大乘無量壽宗要經　119.抄寫題記　(254–208)

英 IOL.Tib.J.VOL.114　　120.ཚེ་དཔག་དུ་མྱེད་པ་ཞེས་བྱ་བ་ཐེག་པ་ཆེན་པའི་མདོ།

120.大乘無量壽宗要經　　(254–209)

英 IOL.Tib.J.VOL.114　　120.ཚེ་དཔག་དུ་མྱེད་པ་ཞེས་བྱ་བ་ཐེག་པ་ཆེན་པའི་མདོ།

120.大乘無量壽宗要經　　(254–210)

英 IOL.Tib.J.VOL.114　120.ཚེ་དཔག་དུ་མྱེད་པ་ཞེས་བྱ་བ་ཐེག་པ་ཆེན་པོའི་མདོ།　　121.བྲིས་བྱང་།

120.大乘無量壽宗要經　　121.抄寫題記　　(254–211)

英 IOL.Tib.J.VOL.114　122.ཚེ་དཔག་དུ་མྱེད་པ་ཞེས་ཐེག་པ་ཆེན་པོའི་མདོ།

122.大乘無量壽宗要經　　(254–212)

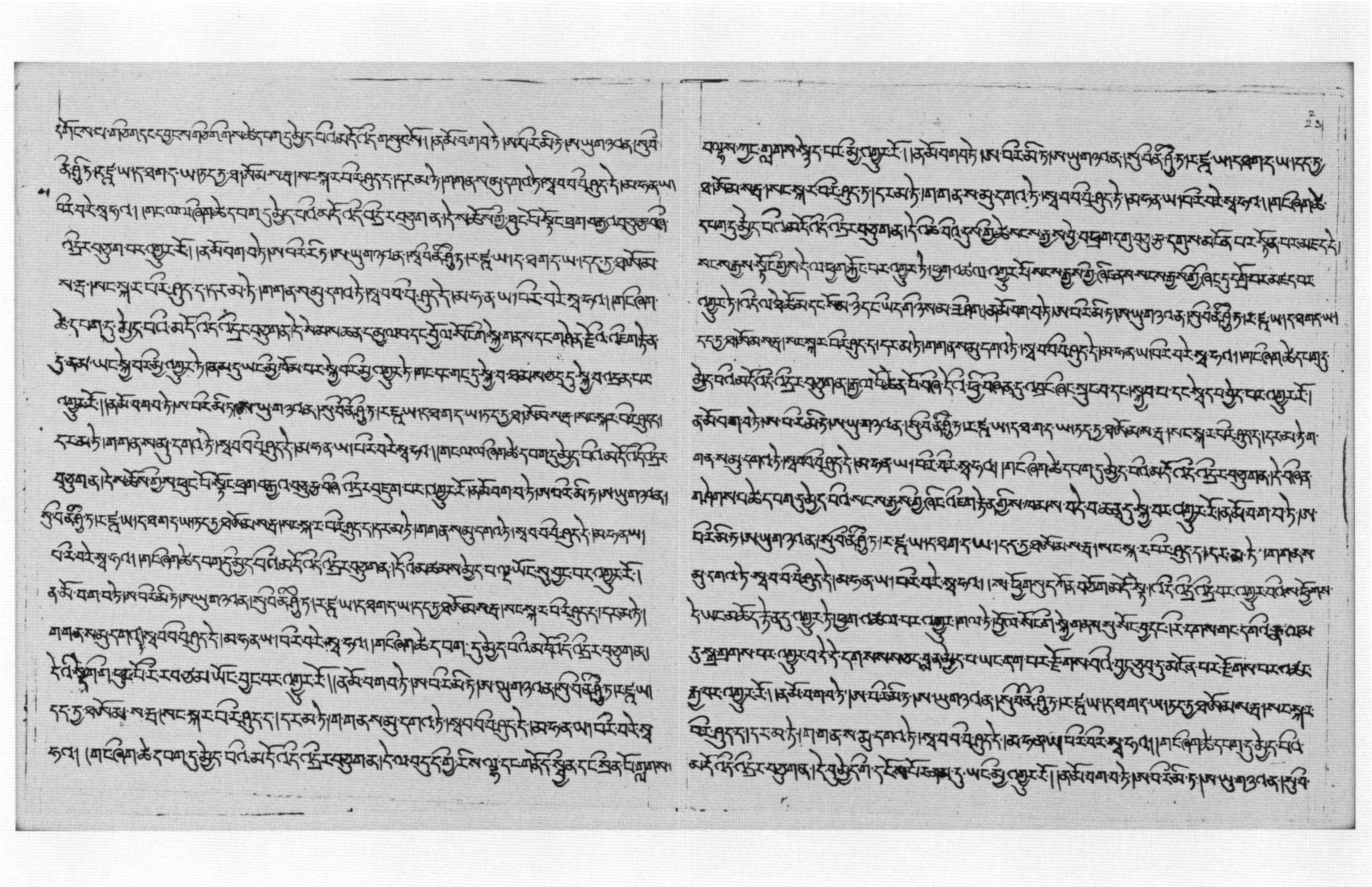

英 IOL.Tib.J.VOL.114　122.ཚེ་དཔག་དུ་མེད་པ་ཞེས་བྱ་བ་ཐེག་པ་ཆེན་པོའི་མདོ།
122.大乘無量壽宗要經　(254–213)

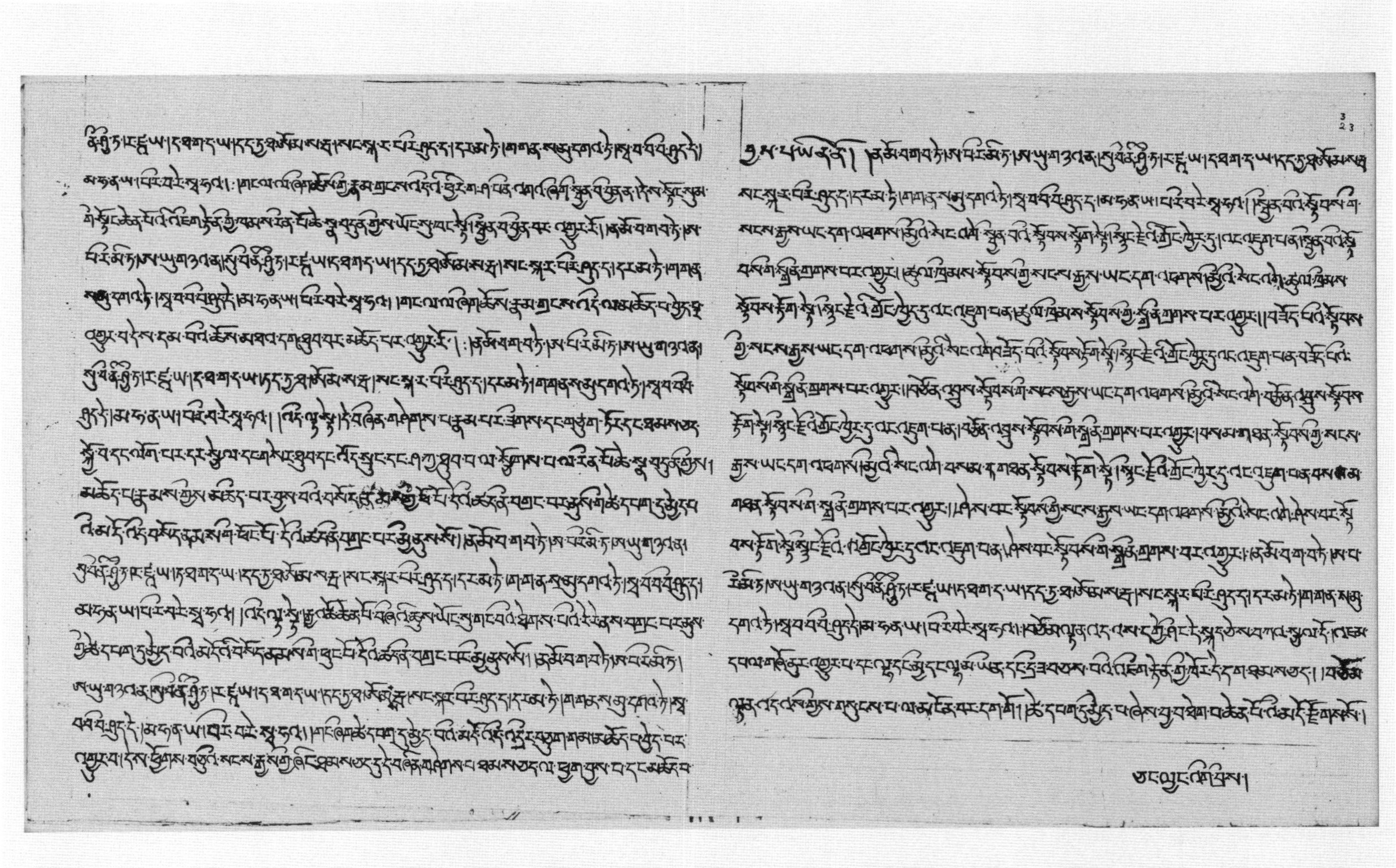

英 IOL.Tib.J.VOL.114　122.ཚེ་དཔག་དུ་མེད་པ་ཞེས་བྱ་བ་ཐེག་པ་ཆེན་པོའི་མདོ།　123.བྲིས་བྱང་།
122.大乘無量壽宗要經　123.抄寫題記　(254–214)

[Tibetan manuscript text - two folios of Buddhist scripture]

英 IOL.Tib.J.VOL.114　124.ཚེ་དཔག་ཏུ་མྱེད་པ་ཞེས་བྱ་བ་ཐེག་པ་ཆེན་པོ་འི་མདོ།
124.大乘無量壽宗要經　　　(254–215)

[Tibetan manuscript text - two folios of Buddhist scripture]

英 IOL.Tib.J.VOL.114　124.ཚེ་དཔག་ཏུ་མྱེད་པ་ཞེས་བྱ་བ་ཐེག་པ་ཆེན་པོ་འི་མདོ།
124.大乘無量壽宗要經　　　(254–216)

英 IOL.Tib.J.VOL.114　　124.ཚེ་དཔག་དུ་མྱེད་པ་ཞེས་བྱ་བ་ཐེག་པ་ཆེན་པོ་འི་མདོ།　　　125.བྲིས་བྱང་།

124.大乘無量壽宗要經　　　125.抄寫題記　　　(254–217)

英 IOL.Tib.J.VOL.114　　126.ཚེ་དཔག་དུ་མྱེད་པ་ཞེས་བྱ་བ་ཐེག་པ་ཆེན་པོ་འི་མདོ།

126.大乘無量壽宗要經　　　(254–218)

英 IOL.Tib.J.VOL.114　126.ཚེ་དཔག་དུ་མྱེད་པ་ཞེས་བྱ་བ་ཐེག་པ་ཆེན་པོའི་མདོ།
126.大乘無量壽宗要經　　　(254–219)

英 IOL.Tib.J.VOL.114　126.ཚེ་དཔག་དུ་མྱེད་པ་ཞེས་བྱ་བ་ཐེག་པ་ཆེན་པོའི་མདོ།
126.大乘無量壽宗要經　　　(254–220)

英 IOL.Tib.J.VOL.114　126.ཚེ་དཔག་དུ་མྱེད་པ་ཞེས་བྱ་བ་ཐེག་པ་ཆེན་པོའི་མདོ།　127.བྲིས་བྱང་།
126.大乘無量壽宗要經　127.抄寫題記　(254–221)

英 IOL.Tib.J.VOL.114　128.ཚེ་དཔག་དུ་མྱེད་པ་ཞེས་བྱ་བ་ཐེག་པ་ཆེན་པོའི་མདོ།
128.大乘無量壽宗要經　(254–222)

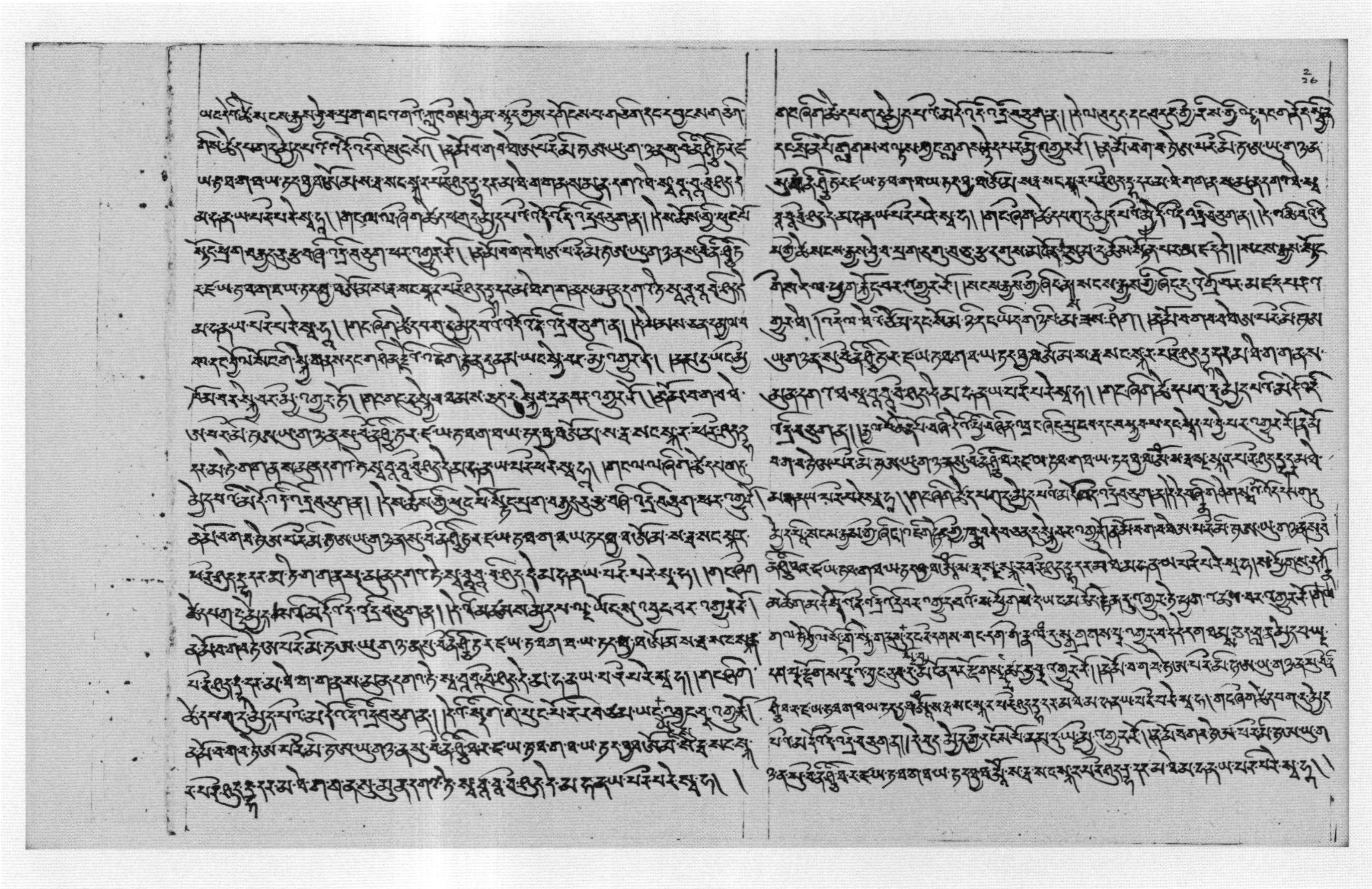

英 IOL.Tib.J.VOL.114　128.ཚེ་དཔག་ཏུ་མེད་པ་ཞེས་བྱ་བ་ཐེག་པ་ཆེན་པོའི་མདོ།
128.大乘無量壽宗要經　(254–223)

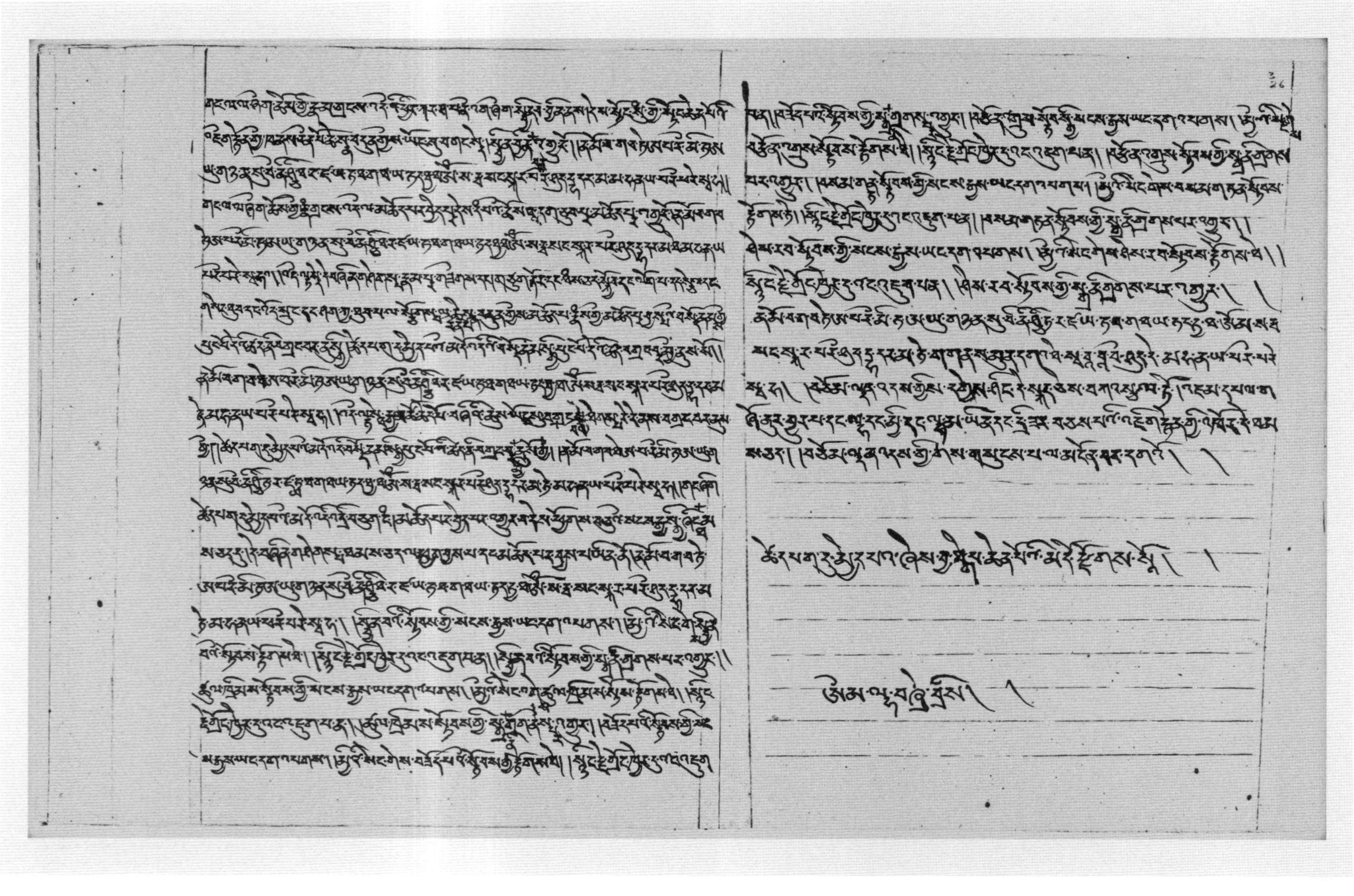

英 IOL.Tib.J.VOL.114　128.ཚེ་དཔག་ཏུ་མེད་པ་ཞེས་བྱ་བ་ཐེག་པ་ཆེན་པོའི་མདོ།　129.བྲིས་བྱང་།
128.大乘無量壽宗要經　129.抄寫題記　(254–224)

英 IOL.Tib.J.VOL.114　130.ཚེ་དཔག་དུ་མྱེད་པ་ཞེས་བྱ་བ་ཐེག་པ་ཆེན་པོའི་མདོ།

130.大乘無量壽宗要經　　　(254–225)

英 IOL.Tib.J.VOL.114　130.ཚེ་དཔག་དུ་མྱེད་པ་ཞེས་བྱ་བ་ཐེག་པ་ཆེན་པོའི་མདོ།

130.大乘無量壽宗要經　　　(254–226)

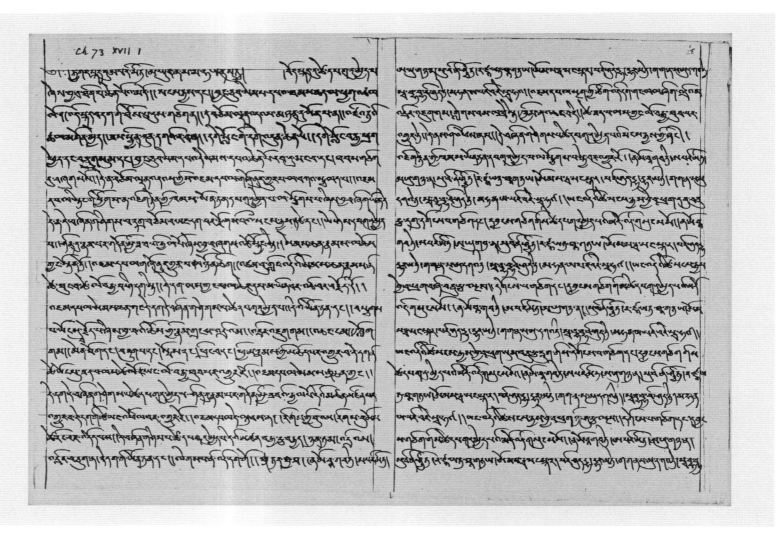

英 IOL.Tib.J.VOL.114　130.ཚེ་དཔག་དུ་མྱེད་པ་ཞེས་བྱ་བ་ཐེག་པ་ཆེན་པོའི་མདོ།　131.བྲིས་བྱང་།

130.大乘無量壽宗要經　　131.抄寫題記　　(254-227)

英 IOL.Tib.J.VOL.114　132.ཚེ་དཔག་དུ་མྱེད་པ་ཞེས་བྱ་བ་ཐེག་པ་ཆེན་པོའི་མདོ།

132.大乘無量壽宗要經　　(254-228)

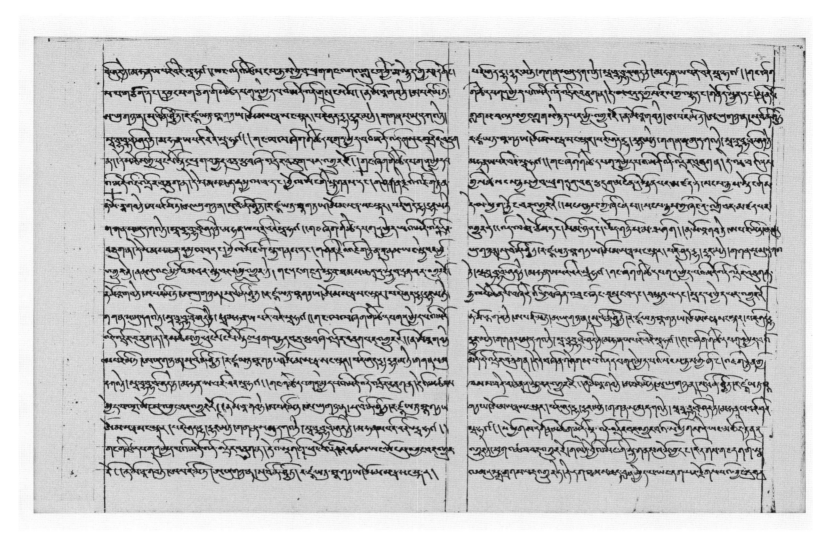

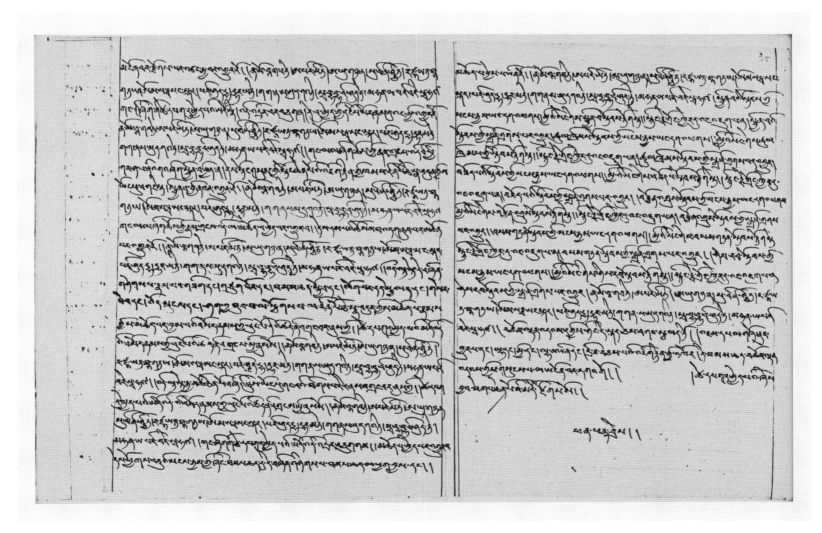

英 IOL.Tib.J.VOL.114 134.ཚེ་དཔག་དུ་མྱེད་པ་ཞེས་བྱ་བ་ཐེག་པ་ཆེན་པོའི་མདོ།

134.大乘無量壽宗要經　　(254–231)

英 IOL.Tib.J.VOL.114 134.ཚེ་དཔག་དུ་མྱེད་པ་ཞེས་བྱ་བ་ཐེག་པ་ཆེན་པོའི་མདོ།

134.大乘無量壽宗要經　　(254–232)

英 IOL.Tib.J.VOL.114　　134.ཚེ་དཔག་དུ་མྱེད་པ་ཞེས་བྱ་བ་ཐེག་པ་ཆེན་པོའི་མདོ།　　135.བྲིས་བྱང་།

134.大乘無量壽宗要經　　135.抄寫題記　　(254–233)

英 IOL.Tib.J.VOL.114　　136.ཚེ་དཔག་དུ་མྱེད་པ་ཞེས་བྱ་བ་ཐེག་པ་ཆེན་པོའི་མདོ།

136.大乘無量壽宗要經　　(254–234)

英 IOL.Tib.J.VOL.114　　136.ཚེ་དཔག་དུ་མྱེད་པ་ཞེས་བྱ་བ་ཐེག་པ་ཆེན་པོའི་མདོ།
136.大乘無量壽宗要經　　(254–235)

英 IOL.Tib.J.VOL.114　　136.ཚེ་དཔག་དུ་མྱེད་པ་ཞེས་བྱ་བ་ཐེག་པ་ཆེན་པོའི་མདོ།　　137.བྲིས་བྱང་།
136.大乘無量壽宗要經　　137.抄寫題記　　(254–236)

138.大乘無量壽宗要經　　(254–237)

138.大乘無量壽宗要經　　(254–238)

英 IOL.Tib.J.VOL.114　　138.ཚེ་དཔག་དུ་མྱེད་པ་ཞེས་བྱ་བ་ཐེག་པ་ཆེན་པོའི་མདོ།　　139.བྲིས་བྱང་།

138.大乘無量壽宗要經　　139.抄寫題記　　(254–239)

英 IOL.Tib.J.VOL.114　　140.ཚེ་དཔག་དུ་མྱེད་པ་ཞེས་བྱ་བ་ཐེག་པ་ཆེན་པོའི་མདོ།

140.大乘無量壽宗要經　　(254–240)

英 IOL.Tib.J.VOL.114　140.ཚེ་དཔག་དུ་མྱེད་པ་ཞེས་བྱ་བ་ཐེག་པ་ཆེན་པོའི་མདོ།

140.大乘無量壽宗要經　　(254-241)

英 IOL.Tib.J.VOL.114　140.ཚེ་དཔག་དུ་མྱེད་པ་ཞེས་བྱ་བ་ཐེག་པ་ཆེན་པོའི་མདོ།　　141.བྲིས་བྱང་།

140.大乘無量壽宗要經　　141.抄寫題記　　(254-242)

142.大乘無量壽宗要經　　　(254–243)

142.大乘無量壽宗要經　　　(254–244)

英 IOL.Tib.J.VOL.114　　142.ཚེ་དཔག་དུ་མྱེད་པ་ཞེས་བྱ་བ་ཐེག་པ་ཆེན་པོའི་མདོ།　　143.བྲིས་བྱང་།
　　　　　　　　　142.大乘無量壽宗要經　　　143.抄寫題記　　(254–245)

英 IOL.Tib.J.VOL.114　　144.ཚེ་དཔག་དུ་མྱེད་པ་ཞེས་བྱ་བ་ཐེག་པ་ཆེན་པོའི་མདོ།
　　　　　　　　　144.大乘無量壽宗要經　　(254–246)

英 IOL.Tib.J.VOL.114　144.ཚེ་དཔག་དུ་མྱེད་པ་ཞེས་བྱ་བ་ཐེག་པ་ཆེན་པོའི་མདོ།

144.大乘無量壽宗要經　　(254–247)

英 IOL.Tib.J.VOL.114　144.ཚེ་དཔག་དུ་མྱེད་པ་ཞེས་བྱ་བ་ཐེག་པ་ཆེན་པོའི་མདོ།　145.བྲིས་བྱུང་།

144.大乘無量壽宗要經　　145.抄寫題記　(254–248)

英 IOL.Tib.J.VOL.114　146.ཚེ་དཔག་དུ་མྱེད་པ་ཞེས་བྱ་བ་ཐེག་པ་ཆེན་པོའི་མདོ།
146.大乘無量壽宗要經　　(254–249)

英 IOL.Tib.J.VOL.114　146.ཚེ་དཔག་དུ་མྱེད་པ་ཞེས་བྱ་བ་ཐེག་པ་ཆེན་པོའི་མདོ།
146.大乘無量壽宗要經　　(254–250)

英 IOL.Tib.J.VOL.114　146.ཚེ་དཔག་དུ་མྱེད་པ་ཞེས་བྱ་བ་ཐེག་པ་ཆེན་པོའི་མདོ།　　147.བྲིས་བྱང་།

146.大乘無量壽宗要經　　　147.抄寫題記　　(254–251)

英 IOL.Tib.J.VOL.114　148.ཚེ་དཔག་དུ་མྱེད་པ་ཞེས་བྱ་བ་ཐེག་པ་ཆེན་པོའི་མདོ།

148.大乘無量壽宗要經　　(254–252)

英 IOL.Tib.J.VOL.114　148.ཚེ་དཔག་དུ་མྱེད་པ་ཞེས་བྱ་བ་ཐེག་པ་ཆེན་པོའི་མདོ།
148.大乘無量壽宗要經　　　(254–253)

英 IOL.Tib.J.VOL.114　148.ཚེ་དཔག་དུ་མྱེད་པ་ཞེས་བྱ་བ་ཐེག་པ་ཆེན་པོའི་མདོ།　　149.བྲིས་བྱང་།
148.大乘無量壽宗要經　　149.抄寫題記　　(254–254)

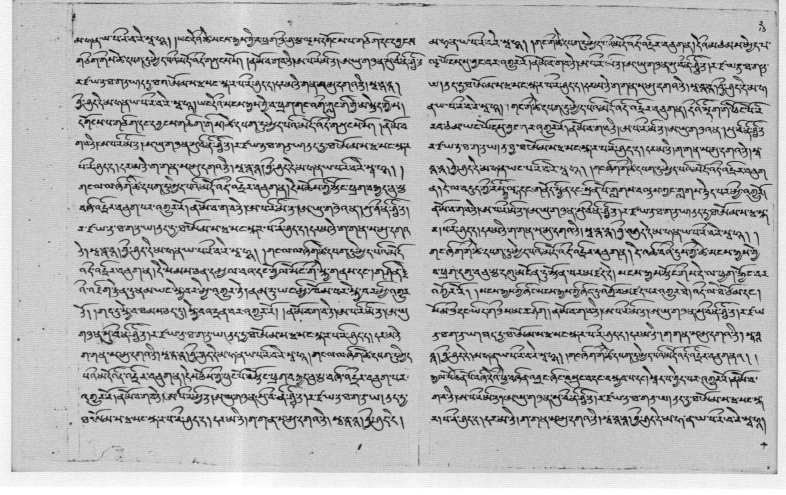

英 IOL.Tib.J.VOL.115　　1.ཚེ་དཔག་དུ་མྱེད་པ་ཞེས་བྱ་བ་ཐེག་པ་ཆེན་པོའི་མདོ།
1.大乘無量壽宗要經　　　(24-1)

英 IOL.Tib.J.VOL.115　　1.ཚེ་དཔག་དུ་མྱེད་པ་ཞེས་བྱ་བ་ཐེག་པ་ཆེན་པོའི་མདོ།
1.大乘無量壽宗要經　　　(24-2)

234

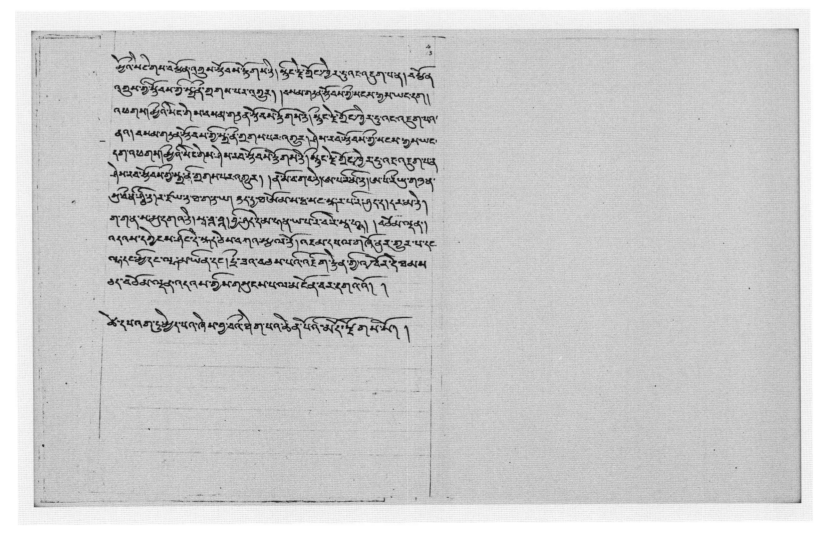

英 IOL.Tib.J.VOL.115　1.ཚེ་དཔག་དུ་མྱེད་པ་ཞེས་བྱ་བ་ཐེག་པ་ཆེན་པོའི་མདོ།
1.大乘無量壽宗要經　　(24-3)

英 IOL.Tib.J.VOL.115　1.ཚེ་དཔག་དུ་མྱེད་པ་ཞེས་བྱ་བ་ཐེག་པ་ཆེན་པོའི་མདོ།
1.大乘無量壽宗要經　　(24-4)

英 IOL.Tib.J.VOL.115　2.ཚེ་དཔག་དུ་མྱེད་པ་ཞེས་བྱ་བ་ཐེག་པ་ཆེན་པོའི་མདོ།
2.大乘無量壽宗要經　　(24-5)

英 IOL.Tib.J.VOL.115　2.ཚེ་དཔག་དུ་མྱེད་པ་ཞེས་བྱ་བ་ཐེག་པ་ཆེན་པོའི་མདོ།
2.大乘無量壽宗要經　　(24-6)

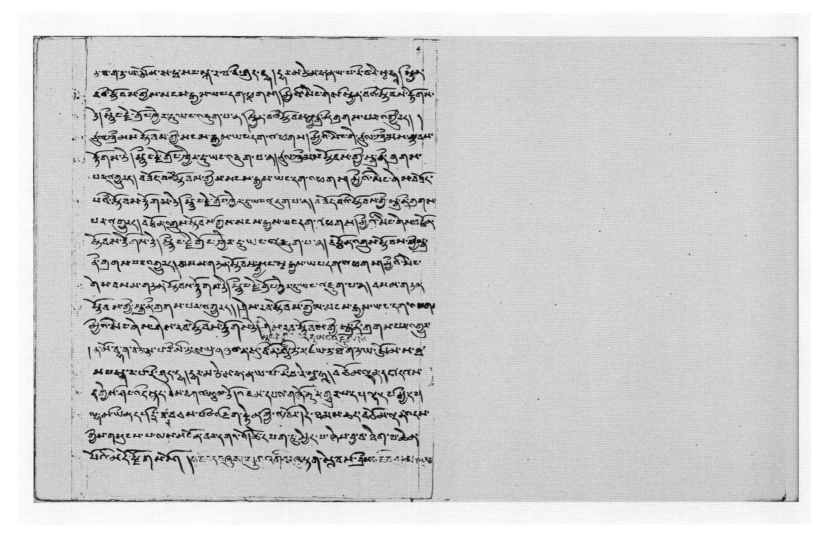

英 IOL.Tib.J.VOL.115　2.ཚེ་དཔག་དུ་མྱེད་པ་ཞེས་བྱ་བ་ཐེག་པ་ཆེན་པོའི་མདོ།

2.大乘無量壽宗要經　　　(24-7)

英 IOL.Tib.J.VOL.115　2.ཚེ་དཔག་དུ་མྱེད་པ་ཞེས་བྱ་བ་ཐེག་པ་ཆེན་པོའི་མདོ།　　3.བྲིས་ཞུས་བྱད།

2.大乘無量壽宗要經　　3.抄寫校對題記　　(24-8)

英 IOL.Tib.J.VOL.115　4.ཚེ་དཔག་དུ་མྱེད་པ་ཞེས་བྱ་བ་ཐེག་པ་ཆེན་པོའི་མདོ།
　　　　　4.大乘無量壽宗要經　　　(24–9)

英 IOL.Tib.J.VOL.115　4.ཚེ་དཔག་དུ་མྱེད་པ་ཞེས་བྱ་བ་ཐེག་པ་ཆེན་པོའི་མདོ།
　　　　　4.大乘無量壽宗要經　　　(24–10)

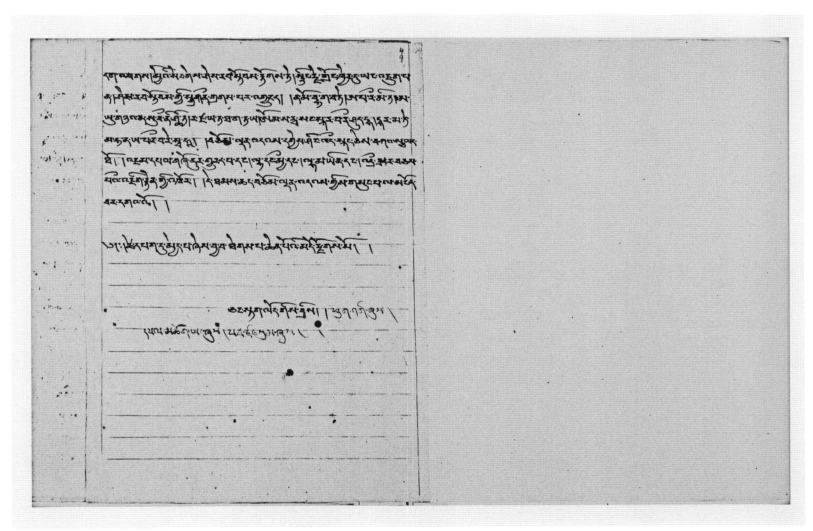

英 IOL.Tib.J.VOL.115　4.ཚོ་དཔག་དུ་མྱེད་པ་ཞེས་བྱ་བ་ཐེག་པ་ཆེན་པོའི་མདོ།

4.大乘無量壽宗要經　　　(24-11)

英 IOL.Tib.J.VOL.115　4.ཚོ་དཔག་དུ་མྱེད་པ་ཞེས་བྱ་བ་ཐེག་པ་ཆེན་པོའི་མདོ།　5.བྲིས་ཞུས་བྱང་།

4.大乘無量壽宗要經　　5.抄寫校對題記　　(24-12)

英 IOL.Tib.J.VOL.115　6.ཚེ་དཔག་དུ་མྱེད་པ་ཞེས་བྱ་བ་ཐེག་པ་ཆེན་པོའི་མདོ།
6.大乘無量壽宗要經　　　(24-13)

英 IOL.Tib.J.VOL.115　6.ཚེ་དཔག་དུ་མྱེད་པ་ཞེས་བྱ་བ་ཐེག་པ་ཆེན་པོའི་མདོ།
6.大乘無量壽宗要經　　　(24-14)

英 IOL.Tib.J.VOL.115　6.ཚེ་དཔག་དུ་མྱེད་པ་ཞེས་བྱ་བ་ཐེག་པ་ཆེན་པོའི་མདོ།　　7.བྲིས་བྱང་།

6.大乘無量壽宗要經　　7.抄寫題記　　(24-15)

英 IOL.Tib.J.VOL.115　8.ཚེ་དཔག་དུ་མྱེད་པ་ཞེས་བྱ་བ་ཐེག་པ་ཆེན་པོའི་མདོ།

8.大乘無量壽宗要經　　(24-16)

英 IOL.Tib.J.VOL.115　8.ཚེ་དཔག་དུ་མྱེད་པ་ཞེས་བྱ་བ་ཐེག་པ་ཆེན་པོའི་མདོ།

8.大乘無量壽宗要經　　　(24–17)

英 IOL.Tib.J.VOL.115　8.ཚེ་དཔག་དུ་མྱེད་པ་ཞེས་བྱ་བ་ཐེག་པ་ཆེན་པོའི་མདོ།

8.大乘無量壽宗要經　　　(24–18)

英 IOL.Tib.J.VOL.115　9.ཚེ་དཔག་དུ་མྱེད་པ་ཞེས་བྱ་བ་ཐེག་པ་ཆེན་པོའི་མདོ།
9.大乘無量壽宗要經　　(24–19)

英 IOL.Tib.J.VOL.115　9.ཚེ་དཔག་དུ་མྱེད་པ་ཞེས་བྱ་བ་ཐེག་པ་ཆེན་པོའི་མདོ།
9.大乘無量壽宗要經　　(24–20)

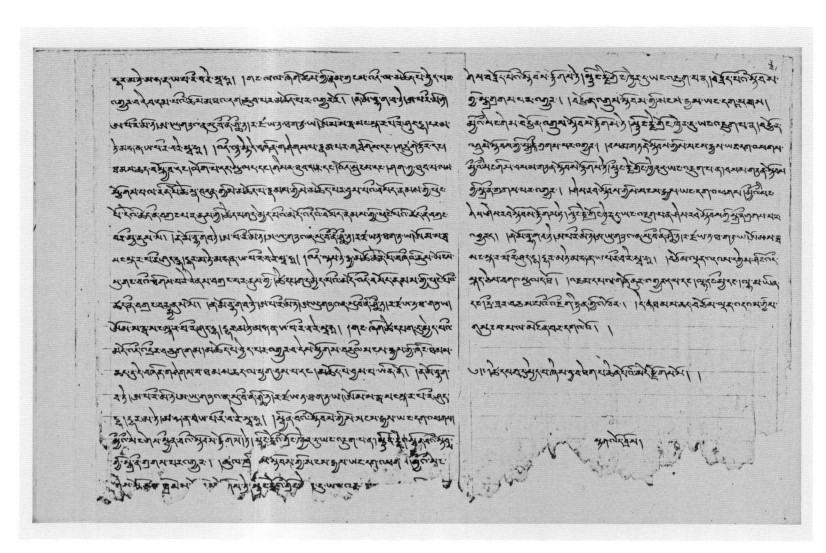

英 IOL.Tib.J.VOL.115　9.ཚེ་དཔག་དུ་མྱེད་པ་ཞེས་བྱ་བ་ཐེག་པ་ཆེན་པོའི་མདོས།　10.བྲིས་བྱང་།

9.大乘無量壽宗要經　　10.抄寫題記　　(24-21)

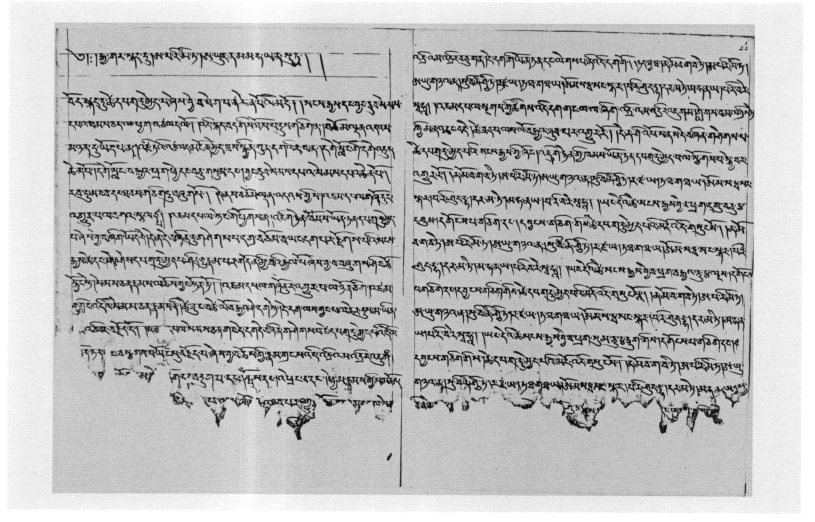

英 IOL.Tib.J.VOL.115　11.ཚེ་དཔག་དུ་མྱེད་པ་ཞེས་བྱེ་བ་ཐེག་པ་ཆེན་པོའི་མདོ།

11.大乘無量壽宗要經　　(24-22)

英 IOL.Tib.J.VOL.115　11.ཚེ་དཔག་དུ་མྱེད་པ་ཞེས་བྱེ་བ་ཐེག་པ་ཆེན་པོའི་མདོ།
11.大乘無量壽宗要經　　　(24-23)

英 IOL.Tib.J.VOL.115　11.ཚེ་དཔག་དུ་མྱེད་པ་ཞེས་བྱེ་བ་ཐེག་པ་ཆེན་པོའི་མདོ།
11.大乘無量壽宗要經　　　(24-24)

英 IOL.Tib.J.VOL.116　1.ཚེ་དཔག་དུ་མྱེད་པ་ཞེས་བྱ་བ་ཐེག་པ་ཆེན་པོའི་མདོ།
1.大乘無量壽宗要經　　　(13-1)

英 IOL.Tib.J.VOL.116　1.ཚེ་དཔག་དུ་མྱེད་པ་ཞེས་བྱ་བ་ཐེག་པ་ཆེན་པོའི་མདོ།
1.大乘無量壽宗要經　　　(13-2)

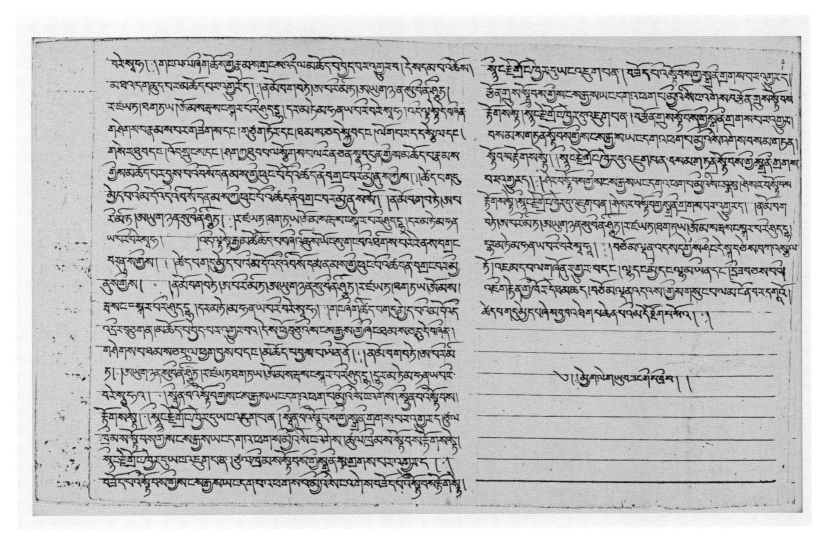

英 IOL.Tib.J.VOL.116　　1.ཚེ་དཔག་དུ་མྱེད་པ་ཞེས་བྱ་བ་ཐེག་པ་ཆེན་པོའི་མདོ།　　2.བྲིས་བྱང་།

1.大乘無量壽宗要經　　2.抄寫題記　　(13-3)

英 IOL.Tib.J.VOL.116　　3.ཚེ་དཔག་དུ་མྱེད་པ་ཞེས་བྱ་བ་ཐེག་པ་ཆེན་པོའི་མདོ།

3.大乘無量壽宗要經　　(13-4)

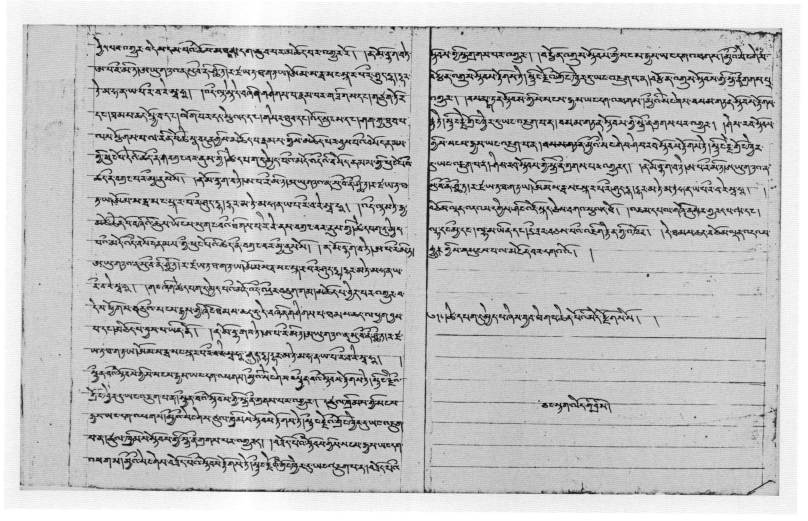

英 IOL.Tib.J.VOL.116　3.ཚེ་དཔག་དུ་མྱེད་པ་ཞེས་བྱ་བ་ཐེག་པ་ཆེན་པོའི་མདོ།

3.大乘無量壽宗要經　　　（13-5）

英 IOL.Tib.J.VOL.116　3.ཚེ་དཔག་དུ་མྱེད་པ་ཞེས་བྱ་བ་ཐེག་པ་ཆེན་པོའི་མདོ།　　4.ཐྱེས་བྱང་།

3.大乘無量壽宗要經　　4.抄寫題記　　（13-6）

英 IOL.Tib.J.VOL.116　5.ཚེ་དཔག་དུ་མྱེད་པ་ཞེས་བྱ་བ་ཐེག་པ་ཆེན་པོའི་མདོ།
5.大乘無量壽宗要經　　（13-7）

英 IOL.Tib.J.VOL.116　5.ཚེ་དཔག་དུ་མྱེད་པ་ཞེས་བྱ་བ་ཐེག་པ་ཆེན་པོའི་མདོ།
5.大乘無量壽宗要經　　（13-8）

英 IOL.Tib.J.VOL.116　　5.ཚེ་དཔག་དུ་མྱེད་པ་ཞེས་བྱ་བ་ཐེག་པ་ཆེན་པོའི་མདོ།　　6.བྲིས་བྱང་།

5.大乘無量壽宗要經　　6.抄寫題記　　(13-9)

英 IOL.Tib.J.VOL.116　　7.ཚེ་དཔག་དུ་མྱེད་པ་ཞེས་བྱ་བ་ཐེག་པ་ཆེན་པོའི་མདོ།

7.大乘無量壽宗要經　　(13-10)

英 IOL.Tib.J.VOL.116　7.ཚེ་དཔག་ཏུ་མྱེད་པ་ཞེས་བྱ་བ་ཐེག་པ་ཆེན་པོའི་མདོ།
7.大乘無量壽宗要經　　(13-11)

英 IOL.Tib.J.VOL.116　7.ཚེ་དཔག་ཏུ་མྱེད་པ་ཞེས་བྱ་བ་ཐེག་པ་ཆེན་པོའི་མདོ།
7.大乘無量壽宗要經　　(13-12)

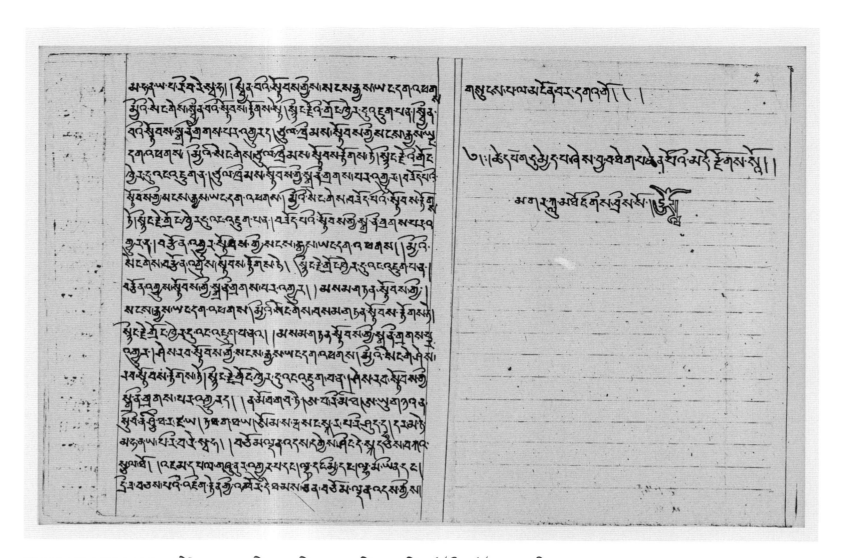

英 IOL.Tib.J.VOL.116　　7.ཚེ་དཔག་ཏུ་མྱེད་པ་ཞེས་བྱ་བ་ཐེག་པ་ཆེན་པོའི་མདོ།　　8.བྲིས་བྱང་།

7.大乘無量壽宗要經　　8.抄寫題記　　(13-13)

དབྱིན་ཇིའི་རྒྱལ་གཞེར་དཔེ་མཛོད་ཁང་དུ་ཉར་བའི་ཐུན་ཏོང་དང་རུབ་སྦྱོངས་ཀྱི་བོད་ཡིག་ཡིག་ཆགས། ㉔

སྒྲིག་སྟོར་མཁན།

ཆུབ་བྱང་མི་རིགས་སློབ་གྲྭ་ཆེན་མོ།

ཧྲང་ཧེ་དཔེ་རྙིང་དཔེ་སྐྲུན་ཁང་།

དབྱིན་ཇིའི་རྒྱལ་གཞེར་དཔེ་མཛོད་ཁང་།

པར་སྐྲུན་མཁན།

ཧྲང་ཧེ་དཔེ་རྙིང་དཔེ་སྐྲུན་ཁང་།

ཧྲང་ཧེ་གྲོང་ཁྱེར་མིང་ཞེན་ཁུལ་ཧོ་ཅིན་ལམ་ཨང་རྟགས་ ༡༥༩ པའི་ཐོག་ཁང A པའི་ཚོགས་ཁ་པ།

སྦུག་ཨང་། 201101   བཅུན་སྐྱེལ་སྒྲོག་འཕྲིན། (86-21) 53201888

www.guji.com.cn   guji1@guji.com.cn   www.ewen.co

དཔར་ཁང་།

ཧྲང་ཧེ་ལི་ཊ་པར་ལས་ཚད་ཡོད་ཀུང་སི།

དེབ་ཚད། 787×1092   1/8   དཔར་སྟོག 32   བར་བཅུག 24

2025 ལོའི་ཟླ་ 4 བར་པར་གཞི་དང་པོ་བསྒྲིགས།   2025 ལོའི་ཟླ་ 4 བར་པར་ཐེངས་དང་པོ་བཏབ།

དཔེ་རྟགས། ISBN   978-7-5732-1571-0/K.3837

རིན་གོང་། སྒོར་ 2200

TIBETAN DOCUMENTS FROM
DUNHUANG AND OTHER CENTRAL ASIA
IN THE BRITISH LIBRARY
㉔

Participating Institutions
The British Library
Northwest University for Nationalities
Shanghai Chinese Classics Publishing House
Publisher
Shanghai Chinese Classics Publishing House
5/F, Block A, Lane 159, Haojing Road, Minhang District, Shanghai, China 201101   Fax （86－21） 53201888
www.guji.com.cn
guji1@guji.com.cn
www.ewen.co
Printer
Shanghai PICA Colour Separation ＆Printing Co., Ltd.

8 mo 787×1092mm
printed sheets 32   insets 24
First Edition: Apr. 2025   First Printing: Apr. 2025
ISBN   978-7-5732-1571-0/K.3837
RMB 2200.00

圖書在版編目（CIP）數據

英國國家圖書館藏敦煌西域藏文文獻.24／西北民
族大學，上海古籍出版社，英國國家圖書館編纂.
上海：上海古籍出版社，2025.4.--ISBN 978-7-5732-
1571-0

Ⅰ．K870.6

中國國家版本館 CIP 數據核字第 2025HF7816 號

本書出版得到國家古籍整理出版專項經費資助

དབྱིན་ཇིའི་རྒྱལ་གཉེར་དཔེ་མཛོད་ཁང་གི་སྦྱིན་ཤོག
པར་དབང་མ་ཐོབ་པར་བསྐྱར་དཔར་བྱེད་མི་ཆོག
པར་རིས་ཀྱི་པར་དབང་དབྱིན་ཇིའི་རྒྱལ་གཉེར་དཔེ་མཛོད་ཁང་ལ་དབང་།
ཡི་གེའི་པར་དབང་ནུབ་བྱང་མི་རིགས་སློབ་གྲྭ་ཆེན་མོ་དང་།
ཞང་ཧེ་དཔེ་རྙིང་དཔེ་སྐྲུན་ཁང་ལ་དབང་།

英國國家圖書館藏敦煌西域藏文文獻 ㉔
編 纂
西北民族大學　上海古籍出版社　英國國家圖書館
出版發行
上海古籍出版社
上海市閔行區號景路 159 弄 1-5 號 A 座 5F
郵編 201101　傳真（86－21）53201888
網址：www.guji.com.cn
電子郵件：guji1@guji.com.cn
易文網：www.ewen.co
印 刷
上海麗佳製版印刷有限公司

開本：787×1092　1/8　印張：32　插頁：24
版次：2025 年 4 月第 1 版　印次：2025 年 4 月第 1 次印刷
ISBN　978-7-5732-1571-0/K.3837
定價：2200.00 元

མངའ་རིས་གུ་གེའི་རྒྱལ་རབས་དུས་ཀྱི་དགོན་སྡེ།

阿里古格王朝寺廟群

དུན་ཧོང་མོ་ཀོ་ཁའུ་ཡི་ནུབ་ཁུལ་བྲག་ཕུག

敦煌莫高窟北區石窟

བྲམས་པ་འབུམ་སྐྱིང་དུ་བཞུགས་པའི་ཐང་རྒྱལ་རབས་དུས་ཀྱི་རྒྱལ་བ་བྲམས་པ།
永靖炳靈寺唐代彌勒大佛